KB117201

고 치 는 순 간 일 이 풀 리 는

업무의 문제 지도

SHIGOTO NO MONDAI CHIZU~
'DE, DOKOKARA KAERU?'
SHINCHOKU SHINAI, MURI·MUDA DARAKE NO HATARAKIKATA
written by Amane Sawatari / illustrated by Takumi Shirai

Copyright© 2017 Amane Sawatari
Korean translation copyright© 2019 Gimm-Young Publishers, Inc.
All rights reserved

Korean translation rights arranged with GIJUTSU-HYORON CO., LTD.
through Japan UNI Agency, Inc., Tokyo and KCC(Korea Copyright Center Inc.), Seoul.

고치는 순간 일이 풀리는
업무의 문제 지도

1판 1쇄 인쇄 2019. 10. 28.
1판 1쇄 발행 2019. 11. 4.

지은이 사와타리 아마네
옮긴이 이민연

발행인 고세규
편집 박보람 | 디자인 조명이
발행처 김영사
등록 1979년 5월 17일(제406-2003-036호)
주소 경기도 파주시 문발로 197(문발동) 우편번호 10881
전화 마케팅부 031)955-3100, 편집부 031)955-3200 | 팩스 031)955-3111

이 책의 한국어판 저작권은 Japan UNI Agency와 KCC를 통한 저작권사와의 독점 계약으로 김영사에
있습니다. 저작권법에 의해 한국 내에서 보호를 받는 저작물이므로 무단전재와 무단복제를 금합니다.

값은 뒤표지에 있습니다.
ISBN 978-89-349-9941-6 04320
        978-89-349-9939-3 (세트)

홈페이지 www.gimmyoung.com   블로그 blog.naver.com/gybook
페이스북 facebook.com/gybooks   이메일 bestbook@gimmyoung.com

좋은 독자가 좋은 책을 만듭니다.
김영사는 독자 여러분의 의견에 항상 귀 기울이고 있습니다.

이 도서의 국립중앙도서관 출판시도서목록(CIP)은 서지정보유통지원시스템 홈페이지
(http://seoji.nl.go.kr)와 국가자료공동목록시스템(http://www.nl.go.kr/kolisnet)에서
이용하실 수 있습니다.(CIP제어번호 : CIP2019040878)

업무의
문제 지도

사와타리 아마네
이민연 옮김

김영사

SECTION 04

SECTION 05

SECTION 06

SECTION 07

왜 일이 끝나지 않는 거지?

'매일하는 업무, 어차피 해야 한다면 계획한 일정대로 마치고 싶다, 성공시키고 싶다.'

자신의 일을 완수해내고 싶다고 모두 그렇게 생각하겠죠.

대부분의 사람이라면 어지간한 심술쟁이가 아니고서야, 혹은 타사에서 보낸 스파이가 아니고서야 기한 내에 일을 마치려고 합니다. 성실하게 수행하려고 합니다. 그럼에도…….

'해도 해도 일이 끝나지 않는다!'

이런 외침을 어떤 회사에서나 반드시 듣게 됩니다.

아니, 계획한 일정대로 마치지 못하는 정도라면 그나마 나을 수도 있습니다.

'손도 못 댔는데 시간이 다 지나가버렸다…….'

이런 여름방학 마지막 날의 초등학생 같은 광경도 보입니다.
다음은 제가 예전에 일했던 근무처와 고객들한테서 자주 들었던 한숨 섞인 말들입니다.

① 계획대로 끝난 적이 없다

② 그렇다기보다 애초에 계획을 세우는 사람이 없다

③ '언젠가 해야지'라고 생각하다가 기한을 넘겨버렸다

④ 계획이나 규칙을 정해도 지키지 못한다

⑤ '끼어들기'(갑작스러운 요청)가 많아서 어쩔 도리가 없다

⑥ '망각'과 '누락'의 고착화

⑦ '계획대로 끝내지 못하는 것이 당연하다'고 모두 포기해버린다

⑧ 일부 능력 있는 사원에게만 의존한다

⑨ 애초에 끝날 것 같지 않다

그중에는 이런 용감한 사람도 있습니다.

⑩ 지금까지 감과 근성으로 어떻게든 해왔기 때문에 계획은 세우지 않는다

혼자 하는 작업부터 5명, 10명 혹은 20명 이상이 함께하는 프로젝트 수준의 팀워크까지 규모의 크고 작음에 상관없이 한탄하는 소리가 여기저기에서 들려옵니다.

대체 왜 우리의 일은 좀처럼 앞으로 나아가지 못하는 걸까요? 왜 마지막까지 달려가지 못하는 걸까요?

여기에는 무시할 수 없는 두 개의 대전제가 있습니다.

① 일은 살아 움직인다

일은 항상 변화합니다. 그 일에 대한 요구사항, 전제 조건, 환경, 둘러싼 사람들과의 관계성 등은 시간의 경과와 함께 바뀝니다. 기간이 길면 길수록(혹은 손대지 않은 상태에서 방치할수록) 바뀔 위험이 크다고 할 수 있겠죠. 일은 살아 있습니다.

② 우리 또한 살아 움직인다

그리고 일을 하는 우리도 살아 있습니다. 최근에는 인공지능이 진화하여 사람의 일을 대체할지도 모른다며 수선을 떨고 있지만, 실현되려면 앞으로 수십 년이 걸릴 겁니다. 게다가 인공지능을 조종하는 것도 결국은 우리 인간입니다. 당분간은 인간을 전제로 모든 것을 생각할 필요가 있습니다.

사람이 하는 이상 완벽한 건 없습니다. 예를 들어 '망각'과 '누락'은 쉽사리 사라지지 않을 것입니다. 잊지는 않았지만 눈앞의 일에 쫓겨 중요한 일임에도 그만 뒷전으로 미뤄버리기도 합니다.

그 이유는 무엇일까요?

'그것은 인간이기 때문입니다.'

일이 좀처럼 진행되지 않는 이유는 일 자체가, 그리고 일을 하는 우리가 살아 있기 때문입니다.

이렇게 말하면 가끔 엄한 질책을 받습니다.

"뭐? 살아 있기 때문에? 인간이니까? 그렇게 태평한 소리나 하고 있다니!"

이해는 합니다. 그러나 앞서 소개한 현장의 한탄을 한 번 더 생각해보십시오.

- '언젠가 해야지'라고 생각하다가 기한을 넘겨버렸다
- 계획이나 규칙을 정해도 지키지 못한다
- '망각'과 '누락'의 고착화
- 애초에 끝날 것 같지 않다

- 지금까지 감과 근성으로 어떻게든 해왔기 때문에 계획은 세우지 않는다

    하나같이 인간의 의식과 감정이 크게 영향을 미치는 것들입니다. 해야 한다, 그것이 옳다는 논리만으로도 해결되지 않습니다. 번지르르한 대책을 늘어놔봤자 소용이 없습니다.

    여름방학이 끝나기 직전까지 숙제를 하지 않는 아이들. 규칙으로 통제하는 것만으로는, 계획표를 만드는 것만으로는 소용없습니다. 눈앞에 큰 유혹이 어른거리면 아이는 계획을 무시하고 놀아버립니다.

- 부모가 '오늘은 숙제했니?'라고 매일 끈질기게 물어본다
- '8월 20일까지 못 끝내면 21일부터의 가족 여행은 중지'라고 못박는다
- 사이좋은 친구와 함께한다
- 공부를 좋아하게 될 계기를 만든다
- 보상을 준비한다

    부모는 이런저런 방법을 생각해내겠죠. 우리의 일도 마찬가지입니다.

    '살아 있으니까.'

'인간이니까.'

이러한 현실과 마주하지 않으면 상황은 해결되지 않습니다. 그런데 우리는 눈앞의 상황은 외면한 채 겉만 번지르르하게 해결하려고 합니다. 그래서는 잘될 리 없습니다. 아이에게 숙제를 시킬 때처럼 다양한 시도가 필요합니다.

이 책에서는 '일이 생각처럼 진행되지 않는다, 끝나지 않는다'는 실태에 대해 다뤄보겠습니다. 거기에는 다양한 요인이 내재하고 있습니다.

- '계획을 세울 수 없다' '진척이 없다' 등 업무 진행 방식(프로세스)의 문제
- '기한 내에 끝내지 못한다' 등 개인의 능력과도 관련된 문제
- '일체감이 없다' '의욕이 낮다' 등 의식과 기분의 문제
- '아무도 의견을 말하지 않는다' 등 직장 환경과 분위기의 문제
- '업무 방식을 모른다' '전문가의 부재' 등 지식의 문제
- '저항하는 사람, 방해하는 사람이 많다' 등 인간관계의 문제
- '같은 실패를 반복한다' '실패를 통해 배우지 못한다' 등 조직 풍토의 문제

이러한 요인을 지도로 정리하여 해결책을 제안합니다. 우선은 책 첫머리의 지도를 펼쳐보고 '나는 이것에 발목이 잡혀 있다!'

☑ 왜 일이 끝나지 않는 거지?

'우리 회사는 이 부분이 약하다!' 등 이야기를 나누며 원인과 대책을 파악합니다.

불완전한 인간이라는 사실을 받아들이고 마지막까지 최선을 다하는 업무 방식, 이 지도를 한 손에 들고 진지하게 생각해봅시다.

계획이 없다

"A 씨, 지난번의 '업무 방식 개혁 검토' 건은 어떻게 되어가지? 진행 상황을 보고해줬으면 하는데."

인사부의 A 주임. 인쇄 회사에 근무하는 30대 중반의 그는 B 과장의 갑작스런 질문에 당황합니다.

"저기, 그게…… 그러니까…… 솔직히 말씀드리면 그다지 좋지 않습니다."
"좋지 않다니 대체 어떻게 되어가고 있는데?"
"정보 시스템부에서 아무런 답변이 없네요……."
"아니, 잠깐만. 정보 시스템부가 이 건과 무슨 상관이지?"

B 과장은 무심코 고개를 갸웃거립니다.

"재택근무 시스템을 취급하는 벤더를 조사해달라고 정보 시스템부에 의뢰했어요. 아마도 벤더에게 아직 답변을 못 받았나 봅니다……."

미뭇거리며 답하는 A 주임.

"아, 그래? 하지만 말이야. 시스템도 중요하지만, 일단은 일반적인 입무 방식의 개혁 사례를 조사하기로 하지 않았나? 업무 방식 개혁이 곧 재택근무만을 의미하지는 않지. 시스템은 수단에 지나지 않잖아."

"그렇게도 생각할 수 있겠군요."

"그리고 인사 제도를 어떻게 바꿀지 생각해야 해. 제도는 검토하고 있나?"

초조함을 억누르며 질문을 이어가는 B 과장.

"아, 그렇군요. 확실히 그 부분도 중요하네요. 지금부터 계획을 짜겠습니다."

"아니, 이제야 '그렇군요'라니……(허허허)."

'계획 부재'의 세 가지 원인

- 애당초 계획 자체가 없다. → 이럴 수가!
- 아니, 어쩌면 있었는지도 모른다. 그러나 담당자의 머릿속에서만 존재한다. → 이럴 수가!

• 있어도 너무 엉성해서 도대체 계획이라고 할 수 없다. → 세상에 이럴 수가!

그런 상황에서 무작정 업무를 진행했다가 길을 잃고 헤매는 경우는 아주 흔히 볼 수 있는 풍경입니다. 업무의 경중을 떠나서 계획을 세우고, 그 계획을 상사와 부하, 관계자와 공유하며, 진행 상황을 관리하는 것이 업무의 기본 중 기본이 아닌가요.

그렇다면 왜 제대로 된 계획이 존재하지 않는 것일까요? 세 가지 원인을 생각할 수 있습니다.

① '감으로 어떻게든 될 것'이라고 생각한다
② 계획의 표준형이 없다
③ 무엇을 해야 하는지 모르고 있다

① '감으로 어떻게든 될 것'이라고 생각한다

굳이 계획을 세울 필요가 있나. 이렇게 생각하게 하는 배경의 하나가 바로 '감으로 어떻게든 될 것'이라는 막연한 생각입니다.

지금까지 계획을 세우지 않아도 어떻게든 잘 넘겨왔다. 그렇지 않은 적도 있었지만 과거의 실패는 깨끗이 잊어버렸다. 그래서 이번에도 괜찮을 것이다. 이런 성공했던 경험이나 근거 없는 자신감이 계획을 세우는 습관을 방해합니다.

☑ 계획이 없는 상태가 되는 이유

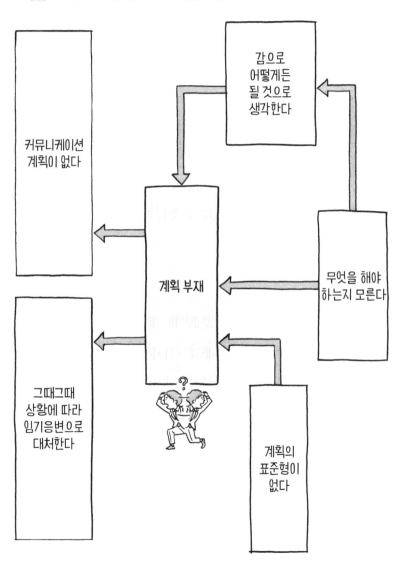

감으로
어떻게든
될 것으로
생각한다

커뮤니케이션
계획이 없다

계획 부재

무엇을 해야
하는지 모른다

그때그때
상황에 따라
임기응변으로
대처한다

계획의
표준형이
없다

세상에 같은 업무는 존재하지 않습니다. 시대도 바뀌고, 환경도 바뀌었어요. 비록 과거에 성공했다고 해서 이번에도 잘되리라는 보장은 없습니다.

② 계획의 표준형이 없다

'대체 계획은 어떻게 세워야 할까요?'

여기에서 사고가 정지해버리는 신입사원(만 그런 것은 아니겠지만). 계획의 표준형이 없으니 어떤 관점을 계획에 포함시켜야 하는지도 모르고, 어떤 각도에서 계획을 세워야 하는지도 모르죠. 일단 상상하여 계획을 세워보지만, 역시 부족한 점이 너무 많아 제대로 된 계획이라 할 수 없습니다.

제대로 된 회사라면 예산 계획, 수주 계획, 프로젝트 계획, 업무 계획 등 장르별로 계획의 '표준형'이 있습니다. 모든 업무를 망라하기는 어렵더라도 반복적인 업무 계획에 대해서는 표준형을 만들어두는 것이 좋습니다.

③ 무엇을 해야 하는지 모르고 있다

특히 새로운 업무를 시작할 경우에는 '계획을 세우라'고 해도 어떤 활동이나 작업이 필요한지 짐작조차 할 수 없는 때가 있습니다. 앞서 소개한 사례를 생각해볼까요.

'업무 방식의 개혁 검토'는 A 씨에게 아니, 어쩌면 회사로서도 첫 시도일지 모릅니다. '업무 방식의 개혁, 그게 뭐지?' 정도로 생각하고 넘길 수도 있습니다. '무엇을 어떻게 해야 할지 모르는' 상황을 쉽게 상상할 수 있죠.

그렇다면 어떻게 하면 제대로 된 계획을 세울 수 있게 될까요? 포인트는 다음 네 가지입니다.

① 구조화한다

② 계획표를 작성하고 주위에 조언을 구한다

③ '신규 업무'인지 '기존 업무'인지를 모두 함께 판단한다

④ 정보 공유 담당자를 정한다

구조화한다

신규 업무를 맡게 되면 다음과 같은 구조도를 그려보세요. 엑셀로 작업하건 수기로 작성하건 상관없습니다. 허술해도 됩니다. 구조도는 활동이나 작업 항목을 파악하기 위한 것이니까요.

- 제1계층에는 해당 업무의 명제(주제)를 쓴다.
- 제2계층에는 '왜 그 업무를 해야 하는가?' 즉, 목적을 쓴다.
- 제3계층에는 '목적을 달성하기 위해 어떤 활동이 필요한가?'를 열거한다.
- 제4계층 이후에 구체적인 작업 항목을 기입한다.

이렇게 도표를 그리면 주위 사람(상사나 동료 등)이 무엇이 '누락'되었는지 빠르게 확인할 수 있습니다.

"혹시 '교육' 항목도 필요하지 않을까? 새로운 제도를 시작하려면 사원에게 알리는 활동도 필요하니까."

"상대가 '관리직'인지 '일반사원'인지에 따라 내용을 바꾸는 편이 좋을 것 같은데……."

"비용에 대해서는 생각하지 않아도 되는 거야?"

관점이나 항목의 '누락'을 팀 동료들과 논의하여 서로 보완해나갑니다. 세 사람이 모이면 굉장한 지혜가 나온다고 하잖아요. 게다가 직장 내 커뮤니케이션에도 도움이 되죠.

포인트는 MECE로 체크하는 것입니다. 이는 '누락도 없고, 중복도 없다'는 의미입니다. Mutually Exclusive and Collectively Exhaustive의 약어인데, 굳이 그 긴 영문을 외울 필요는 없습니

☑ 구조도의 예

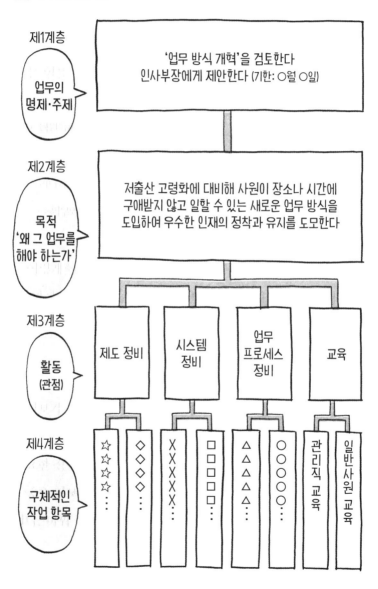

제1계층

업무의 명제·주제

'업무 방식 개혁'을 검토한다
인사부장에게 제안한다 (기한: ○월 ○일)

제2계층

목적
'왜 그 업무를 해야 하는가'

저출산 고령화에 대비해 사원이 장소나 시간에 구애받지 않고 일할 수 있는 새로운 업무 방식을 도입하여 우수한 인재의 정착과 유지를 도모한다

제3계층

활동 (관점)

제도 정비 / 시스템 정비 / 업무 프로세스 정비 / 교육

제4계층

구체적인 작업 항목

☆☆☆☆… / ◇◇◇◇… / ××××… / □□□□… / △△△△… / ○○○○… / 관리직 교육 / 일반사원 교육

다(사실 저도 자주 잊어버립니다).

구조도의 제3계층(이후) 항목을 작성할 때, MECE의 시점에서 체크합니다.

MECE로 정리하기 위해서는 다음 세 가지 개념이 도움이 됩니다.

① 'A와 A가 아닌 것'으로 생각해본다

예 '남성과 여성' '국내와 해외' '관리직과 비관리직'

② 계산식에 적용해본다

예 '총매출 = 단가×매출' → '단가'와 '매출'의 관점

'서비스의 가치 = 유용성×보장' → '유용성'과 '보장'의 관점

③ 각 프로세스의 단계에 적용해본다

예 '구상'과 '설계'와 '시작'과 '제조'와 '판매'

'개발'과 '운용'

다양한 지식을 활용할 수 있다면 MECE 항목을 잇따라 생각해 낼 수 있습니다. 다른 사람이 작성한 구조도를 보고 '아, 이런 방향성도 있구나' '이 관점을 차용하자!' 등 각 항목을 자기 것으로

☑ MECE란?

자료 제공 : 주식회사 퍼스트커리어

☑ MECE로 정리하는 요령

MECE로 정리하기 위한 세 가지 방법.
정리의 방향성(관점)을 가능한 한 많이 갖고 있으면
효율적으로 정리할 수 있다.

만들어두는 습관을 익힙니다.

그리고 혼자 고민하지 말고, 다른 사람에게 구조도에 관한 조언을 청하는 것이 중요합니다. 당신은 MECE라고 생각했더라도 다른 사람에게는 '누락'되었거나 '부족'한 점이 눈에 띌 수 있고, 완전히 다른 관점에서 해당 주제를 인식할 수도 있거든요. 그리고 완벽한 MECE는 존재하지 않습니다.

계획 단계에서 '누락'이나 '부족'한 점과 의식의 차이를 명확히 해두면 궤도 수정도 빨라집니다. 그런데 아무런 계획도 없이 무턱대고 진행하다가 나중에 문제가 발견되는 날에는…… 생각만 해도 끔찍합니다.

계획표를 작성하고, 주위에 조언을 구한다

못해도 좋으니까 일단 계획표를 작성해보세요. 직접 써보는 겁니다. 쓰지 않으면 팀원들과 의견을 나눌 수도 없고, 진행 상황도 관리할 수 없습니다.

뭘 써야 할지 모르겠다고요?

간단하게 세로로 '무엇을', 가로로 '언제까지 한다'를 적기만 하면 됩니다. '무엇을'은 제일 처음 작성한 구조도를 보면 알 수

☑ 못해도 좋으니 계획표를 작성하자

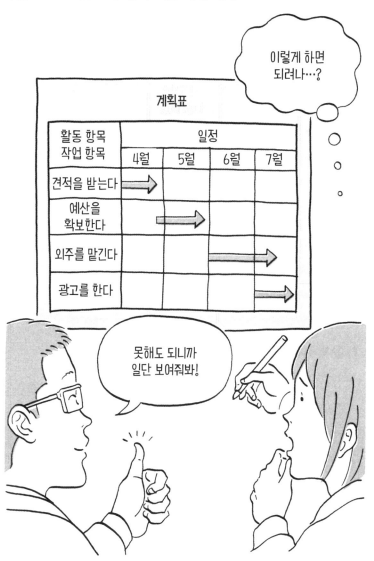

있습니다.

계획표를 작성했다면 가능한 한 빨리 상사, 동료, 부하 등 주위 사람에게 보여주세요. 그리고…….

- 항목의 '누락'이나 '부족'한 부분이 없는지 확인한다
- 해당 주제에 관한 지식이나 경험이 조직에 존재하는지 판단한다

어쨌든 작성하지 않으면 아무것도 시작되지 않습니다!

신규 업무인지, 기존 업무인지 모두 함께 판단한다

"그 주제는 자기 조직(당신의 팀)에서 '새로운 업무'인가, '기존에 해온 업무'인가?"

이 판단은 매우 중요합니다.

'기존'이란 회사, 부서, 팀 등 어디엔가 경험이나 지식이 있는 상태.

'신규'란 말 그대로 모두 경험한 적이 없고, 지식이 없는 상태.

팀에서 이를 신속히 판단하기 위해 구조도와 계획표를 빨리 작

성하여 함께 확인합니다.

기존에 해온 업무라면, 대략적으로 추측하여 과거 데이터를 찾거나 혹은 담당자에게 질문합니다. 그러면 예전에 생각한 관점이나 활동 항목을 활용할 수 있죠.

한편, 신규 업무인 경우에는 외부에서 지식이나 경험을 들여올 수밖에 없습니다. 강연을 들으러 가거나 연수를 받거나 외주를 맡기는 등 여러 가지 선택이 가능하죠.

팀에서 '기존 업무'인지 '신규 업무'인지를 재빨리 판단하고, 필요한 행동을 신속히 취해야 합니다.

정보 공유 담당자를 정한다

지금까지 설명한 세 가지는 계획을 세우는 단계에서 해야 할 일입니다. 한편, 다음은 평소에 시스템화 해두면 좋은 활동입니다.

- 팀 내의 누가, 어떤 지식을 갖고 있는가?
- 사내의 어느 부서가 어떤 일을 하며, 어떤 경험이 있는가?
- 세상의 트렌드는 무엇이고, 어떤 해결책이 제공되고 있는가?

이와 같은 정보를 항상 수집해두는 것도 중요한 일입니다.

지금 '우린 늘 바쁘다고!' 하는 표정을 지으셨네요.

알고 있습니다. 아주 잘 알고말고요. 모두 일상 업무에 쫓기느라 정보를 수집하고 공유할 시간이 없겠죠. 바로 그렇기 때문에 정보 공유를 '업무'로 정의하고, 이를 담당하는 역할을 누군가에게 맡기는, 다시 말해 업무화가 중요한 겁니다.

그리고 그 업무를 담당할(혹은 누군가에게 역할로 맡기는) 사람은 누군가? 업무로 정착시키는 사람은 누군가?

다름 아닌 관리직입니다! 관리직이 앞장서서 정보를 공유하거나 혹은 정보를 공유하는 역할과 업무 구조를 만들어야죠.

- 업무가 일단락되면 점검 시간을 갖는다
    - → 그 지식을 문서화하여 폴더를 만들어 저장한다
- 사외와 사내의 강연, 스터디 모임에 적극 참가한다
    - → 그곳에서 얻은 지식을 팀 회의에서 이야기한다
- 매일 인트라넷을 확인한다
    - → 다른 부서의 재미있는 소식이 있다면 메일을 통해 모두와 공유한다

이 정도의 소소한 활동이라도 괜찮지만, 그렇더라도 담당자를 정해두지 않으면 정보 공유가 원활하게 진행되지 않습니다. '자

발적으로 하자'는 시도만으로는 지속되지 않는 것입니다. 무슨
이유 때문일까요?

왜냐하면 인간이니까.

관리직이란 인간의 약점을 인식하고, 그 약점을 보완하는 역할
과 구조를 만드는 사람입니다.

이제 계획은 완성되었습니다. 그렇지만 여기서 안심할 수는 없
죠. 아무리 훌륭한 계획을 세웠다 하더라도 제대로 후속 조치를
실행하지 못한다면 그림의 떡일 뿐입니다. 2장에서는 진행 관리
에 대해 살펴보겠습니다.

계획 부재 3대 원흉의 배후에
존재하는 것들

1장에서는 계획 부재의 3대 원인에 대해 설명했습니다. 사실 이 3대 원인 뒤에는 네 가지 문제가 도사리고 있습니다. 계획이 없어서(혹은 있어도 별 볼 일 없어서) 늘 허둥거리는 사람은 다음을 의심해보세요.

① 과거의 업무 방식이 공유되고 있지 않다

② 상사나 선배가 모범을 보이지 않는다

③ 외부 방식을 배울 기회가 없다

④ 정보 공유를 담당하는 사람이 없다

① 과거의 업무 방식이 공유되고 있지 않다

사실은 과거에 자기 부서나 타 부서에서 같은 일을 한 적이 있을지도 모릅니다. 그렇다면 당시 그 사람들이 작성

☑ 3대 원흉의 배후에 존재하는 네 가지 흑막

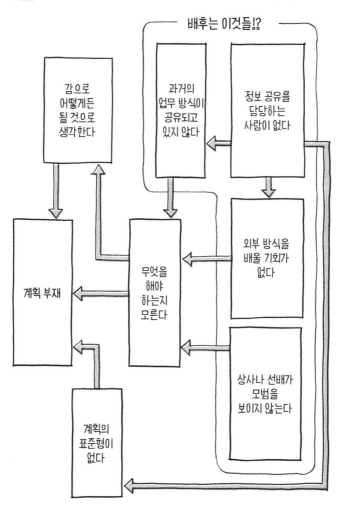

배후는 이것들!?

감으로
어떻게든
될 것으로
생각한다

과거의
업무 방식이
공유되고
있지 않다

정보 공유를
담당하는
사람이 없다

계획 부재

무엇을
해야
하는지
모른다

외부 방식을
배울 기회가
없다

계획의
표준형이
없다

상사나 선배가
모범을
보이지 않는다

했던 계획표를 받아 부족한 부분을 보충하기만 하면 간단히 해결될 일이죠.

그런데 안타깝게도 아무도 그런 일을 했었다는 사실을 모릅니다. 부서, 아니 팀 내에서조차 눈에 보이지 않는 높은 벽이 가로막고 있어 과거에 누가, 어떤 업무를 했는지 모릅니다. 정말 안타까운 일입니다.

② 상사나 선배가 모범을 보이지 않는다

여러 해 동안 업무를 제대로 해왔다면 계획을 세우기 위한 항목이나 요령 등이 몸에 뱄을 것입니다. 그런데 그 지식과 요령을 갖고 있는 상사 또는 선배가 신입사원에게 평소 그 모습을 보여주지 않습니다. 최근 유행하는 '플레잉 코치(선수 겸 감독을 의미한다 – 옮긴이)'인 거죠.

'모범을 보이는 관리직이 적어졌다.'

좋은 본보기를 보이는 상사나 선배가 적어졌다는 뜻인데, 이는 요즘 기업의 경영자나 관리직에 있는 사람들과의

대화에 자주 등장하는 푸념입니다. 계획의 항목 누락뿐만
아니라 매사 판단 기준이나 행동 방식 등은 업무를 통해
젊은 사원들에게 전달됩니다. 그런 모범이 되는 관리직이
사라지고 있는데 과연 괜찮을까요…….

③ 외부 방식을 배울 기회가 없다

자기 부서(상사나 선배)에도, 다른 부서에도 관련 지식이
나 경험을 갖고 있는 사람이 없습니다! 그런 경우에는 어
떻게 하면 좋을까요?

밖에서 들을 수밖에 없습니다. 책을 읽거나, 강연을 듣
거나, 외부 전문가의 도움을 받아야죠. 방법은 다양합니
다. 그런데…….

'왠지 모두 밖으로 나가는 걸 꺼려요.'
'출장을 신청하는 게 귀찮아서…….'
'외주 맡길 예산을 확보하지 못했어요.'

이런저런 이유로 밖으로 나가지 않습니다. 바깥을 알려

고 하지도 않고요. 지식도 경험도 없으면서 무리하게 자기들끼리 해보려고 하는 거죠.

아무리 애써도 없는 건 없는 겁니다!

④ 정보 공유를 담당하는 사람이 없다

자기 부서, 타 부서 혹은 외부 등등 정보는 반드시 어딘가에는 있습니다.

그런데 모두 알려고도, 들으려고도, 밖으로 나가려고도 하지 않습니다. 그런 분위기를 조성하는 원인 중 하나는 정보 공유를 담당하는 사람의 부재를 들 수 있겠죠.

일이 진척되지 않는다

"그러고 보니 그 건은 어떻게 되었나? 진행에 대한 보고가 없는데."

화학품 제조회사에 근무하는 5년차 사원 C 씨. D 부장의 질문에 키보드를 두드리던 손을 멈췄습니다.

'그 건이라, 그 건…… 그러니까 그게 뭐였더라?'

C 씨는 머릿속으로 이것저것 떠올려봅니다.

'아, 그렇지. E 공장 부지의 재이용에 관한 건이구나.'

C 씨는 마침내 어떤 안건인지 알아채고는 부장에게 달려갑니다.

"네. 보고하려던 차였습니다. 다만 부장님도 바쁘신 것 같아서 보고 드리지 못했습니다……."
"그러면 곤란해. 중요한 안건인데 알아서 빨리 보고해야지."

노골적으로 불만을 드러내는 D 부장. C 씨는 당황하여 상황을 설명합니다.

"아, 이거 큰 문제잖아! 우리 선에서 해결할 수 있는 게 아니라 본사 환경추진실도 함께 진행해야 해. 더 빨리 말해줬으면 이제 내가 본사에 들어갔을 때 실장과 이야기했을 텐데…… 그래서 계획대로 끝날 것 같기는 한가?"

"음, 상황에 따라서는 반년 정도 더 걸릴지도 모르겠어요."

"이런, 이런……."

진행이 지지부진한 상황은 왜 발생하는가

진행이 지지부진한 상황은 관리자나 상사를 불안하게 만드는 현상이죠. 한 제조업에서는 관리직을 대상으로 실시한 설문 조사에서 '스트레스를 느끼는 상황'의 상위에 '부하 직원이 진행 상황에 대해 보고하지 않는다'가 올랐다고 합니다.

왜 이런 상황이 발생하는 것일까요?

부하 직원이 성실하지 않아서? 아니, 부하 직원은 열심히 일하고 있습니다. 그런데도 진척 불명 상황은 발생해요. 여기에도 다양한 원인이 존재합니다.

① 보·연·상이 없다

보·연·상(조직을 효율적으로 운영하기 위한 필수 요소인 보고, 연락, 상의의 머리글자를 따서 만든 말 – 옮긴이)은 직장 커뮤니케이션의 기본이며, 진척도를 알기 위한 수단이죠. 보·연·상만 확실히 한다면 진척도는 쉽게 파악할 수 있습니다.

하지만 잘될 것 같으면서도 좀체 잘되지 않는 것이 보·연·상입니다. 왜 진행 상황에 대해 보고를 하지 않는 것일까요?

"상대가 보고하길 기다리고 있습니다."
"상대가 물어보면 보고할 생각이죠."
"굳이 보고해야 하나요?"

보고가 잘 이루어지지 않은 직장에서 자주 듣는 말들입니다.
게다가 앞서 C 씨의 경우에서도 드러난 한 가지.

"바쁘신 것 같아서 보·연·상을 하지 못했습니다."

변명처럼 들리지만, '상사가 바쁜 것 같아 말을 걸기가 어려웠다'고 주저하는 사원이 적지 않습니다. 관리자나 경영자는 '우리 사원은 보·연·상의 능력이 부족하다'고 한탄합니다. 하지만 이

☑ 진척 불명의 상황을 만드는 원인

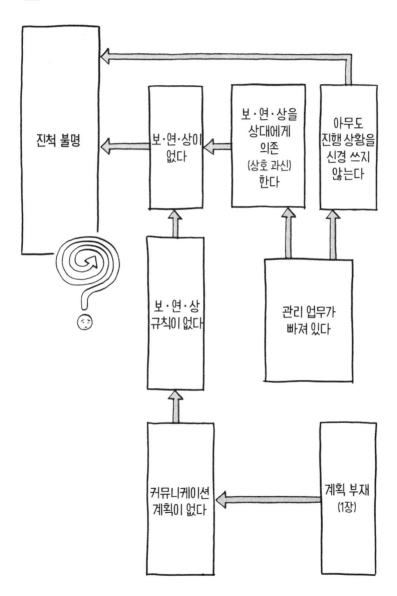

진척 불명

보·연·상이
없다

보·연·상을
상대에게
의존
(상호 과신)
한다

아무도
진행 상황을
신경 쓰지
않는다

보·연·상
규칙이 없다

관리 업무가
빠져 있다

커뮤니케이션
계획이 없다

계획 부재
(1장)

는 능력의 문제가 아니에요. 의식의 문제, 나아가 구조의 문제입니다.

그리고 어떻게 되고 있는지 보고도 하지 않은 채 무작정 진행하는 겁니다.

"혼자 알아서 어떻게든 할 수 있는데 뭐."

그러면 어떻게 될까요? 어느 날 갑자기 문제가 발생하고, 회생 불가능한 상황으로……

네, 지연이 결정되었습니다!

슬프게도 '일이 산더미'처럼 쌓이게 되겠네요.

② 아무도 진행 상황을 신경 쓰지 않는다

자주적인 보·연·상이 존재하지 않는 직장. 적어도 누군가 하나라도 신경 쓰고 있다면 진행 상황은 확인되었을 수도 있습니다. 하지만…….

모두 눈앞에 닥친 업무에 쫓기느라 다른 일에 신경 쓸 틈이 없죠. 다른 사람의 업무가 어떻게 진행되고 있는지 확인할 만큼 한가하지 않아요. 고지식한 사람, 사실은 한가한 사람조차 바쁜 척하고 있기 때문에 같은 팀이라도 다른 사람의 업무에 신경 쓸 겨

를이 없는 것입니다.

상대방에게 의존한다

진척 불명의 원인에는 상대방에게 의존하는 조직 문화에 있습니다.

①에서 예로 든 문장을 다시 한 번 읽어보면 대화의 주체가 모두 상대방입니다. 상사와 부하, 언젠가 상대방이 먼저 말을 꺼내겠지. 그때까지는 서로 바쁘니까 가만히 있자. 이런 '배려심' '신뢰'라는 명목하에 상대 의존이 화를 불러 진행이 지지부진한 상황이 탄생하는 것이죠.

그러나 상대방에게만 맡겨놓으면 아무것도 되지 않습니다. '신뢰'와 '안이한 태도'를 혼동하면 안 됩니다.

"보·연·상은 굳이 하지 않아도 괜찮아."
"진행 상황을 관리한다는 건 팀에 신뢰 관계가 없다는 증거 아니겠어."

흔히 이런 미담(?)을 득의양양한 표정으로 이야기하는 최첨단

47

기업의 경영자도 있습니다. 하지만 그런 희귀한 케이스를 목표로 하지 않는 편이 좋습니다.

진척 불명을 개혁하는 두 가지 처방전

상대를 의존하는 상황을 방관하면 얼마나 진행됐는지 알 수 없습니다. 그래서 강제적으로라도 진행을 보고하는 구조를 만들어야 합니다. 구체적인 대책은 두 가지입니다.

① 커뮤니케이션 계획을 세운다

계획을 세울(1장) 때, 커뮤니케이션 계획도 설계하여 조율합니다. 보·연·상의 시기를 처음부터 정해두는 겁니다.

- 언제 정례 보고를 할까?(예 : 매주 수요일 13시~14시)
- 문제가 발생한 경우의 보고 수단과 인원은?
- 변동 사항이 생길 경우 누구에게, 어떻게 상의할까? 바뀐 부분을 협의하는 과정은?

이러한 규칙을 정해두기만 해도 진행 상황에 대한 공유가 원활

☑ 진척 불명 = 상대 의존의 조직 구조?

해집니다.

그렇지만 자꾸 잊어버린다고요? 바쁜 상사에게 보고하기가 쉽지 않다고요? 어쩔 수 없네요, 정말……

그렇다면 ②를 추천합니다.

② 담당자를 정한다

진행 상황을 확인하는 담당자를 정해두는 겁니다. 이는 진척도를 공유하는 매우 효과적인 방법이죠. 실제로 정보 시스템 개발 등의 대규모 프로젝트에서는 PMO(프로젝트 매니지먼트 오피스)라는 전문 팀을 구성하여 진행 상황과 문제의 관리를 맡깁니다. 현장 사원들은 아무래도 눈앞의 일과 문제를 처리하는 데 쫓기기 십상이니까요. 그래서 제삼자에게 관리를 맡기는 게 합리적인 방식입니다.

당사자가 알아서 할 거라 믿고 맡기지 말고 같은 팀의 다른 사람에게 진행 관리를 맡기는 게 좋습니다.

"C 씨, E 공장부지 재이용 안건의 진행 상황을 보고해주세요."

"D 부장님, C 씨에게 진행 상황을 보고 받으러 하니 시간을 내주시길 바랍니다."

당사자(예를 들면 상사와 부하)들은 업무에 쫓기다 보니 진행 상황을 직접 관리, 보고하기 어렵습니다. 그럴 때는 제삼자를 활용하는 겁니다. 곁에서 확인하는 사람이 있는 것만으로도 진척 불명의 상황은 확 바뀐답니다.

당장 매주 팀에서 정기적으로 하는 정례회의를 진행 보고의 기회로 활용해보세요. 회의 일정에 '진행 보고 : 15분'을 추가하는 겁니다. 그것만으로도 매회 반드시 진행 상황에 대해 보고를 하게 됩니다. 정례 회의처럼 일상 업무에 포함시키는 것, 이것이 중요합니다.

보고는 미루게 마련이지, 인간이잖아
보고를 쉽게 잊어버리지, 인간이잖아

잊어버려도 문제가 없는 구조를 만들어야죠!

일체감이 없다

성과를 내지 못하는 직장에서 가장 부족한 건 바로 일체감입니다. 먼저 일체감이 없는 직장에서 흔히 나타나는 네 가지 질병을 소개하겠습니다!

① 의식 제각각 증후군

A는 중요한 일이라고 생각해서 투지를 불태우고 있다

B는 잡무라고 냉정하게 판단하고 있다

C는 그저 묵묵히 시키는 일만 하고 있다

D는 그 일에 흥미가 없는 건 아니지만, 의욕이 나지 않는다

이런 식으로 일에 대한 의식이 사람마다 다 다르다는 걸 마주한 적이 있을 겁니다.

② 일부 직원만 열심히 달리는 병

여러분에게도 그런 경험이 있지 않나요? 중학교나 고등학교 시절의 교내 축제를 떠올려봅시다. '즐거운 청춘의 한 페이지를 만들어야지!'하며 의욕적으로 참여하고 싶었지만…… 일부 친구들이 자기네끼리 모여 무엇을 할지 정해버렸습니다. 그러곤 제

✅ 일체감이 없는 직장에서 흔히 나타나는 네 가지 질병

의식 제각각 증후군

일부 직원만 열심히 달리는 병

끝이 보이지 않는 병

저의욕증

멋대로 팀을 나누고, 자기들끼리 준비를 하고 있습니다. 으음, 우리는 뭘 하면 되는 거지? 하릴없이 빈둥거리고 있자니 여학생 그룹의 리더가 한마디 쏘아붙입니다.

"너희들 일 좀 하지! 쟤네들은 열심히 하고 있는데, 미안하지도 않아?"

아니, 우리보고 어쩌라는 거야. 너네들이 마음대로 정해버려놓고서는, 이쪽이 오히려 피해자라고……

일부 사람만이 열심히 달리는 현상. 이는 회사 조직에서도 마찬가지입니다.

- 부장 혼자만 묘하게 열을 올리고 있다
- 과장과 과장 대리가 다른 사람들은 열외로 모든 걸 결정하고 진행한다
- 리더와 서브 리더만 멋대로 밤늦게까지 야근하고 지쳐 있다

커지는 온도차. 이래서는 일체감이 싹트지 않습니다.

③ 끝이 보이지 않는 병

"매일 일에 쫓기는 이런 상태가 대체 인제까지 계속될까?"

"이 프로젝트, 인제 끝나는 걸까요?"

그때만 바쁘다면 참고 이해할 수 있습니다. 끝이 보인다면 좀 더 노력할 수 있습니다. 그런데······.

- 아무리 시간이 흘러도 끝없이 이어지는 장시간 노동
- 단기 프로젝트였는데······ 연장, 연장, 그리고 또 연장되어 언제 끝날지 알 수 없다

인제 끝나는 걸까? 쭈뼛거리며 과장에게 물어보니······.

"글쎄, 인제까지 계속되려나. 나도 알 수 없군. 뭐, 어떻게든 되겠지."

말도 안 돼! 날이 밝지 않는 밤은 없다······고 생각하고 싶다.

④ 저의욕증

이런 일체감이 없는 직장에 몸담고 있으면, 의욕이 높아질 리 없습니다. 일부 열심히 달리는 직원을 제외하고 모두 의욕이 낮기 때문에 일체감도 싹트지 않죠. 일체감이 없기 때문에 의욕이

더욱 낮아지는 겁니다. 이렇게 해서 악순환이 탄생합니다!

이렇게 서글픈 불협화음은 왜 일어날까요?
이런 직장은 대개 다양한 일들이 모호한 상태에서 진행되어버리는 경향이 있습니다.

세 가지 일을 '끝장' 내보자

그렇다면 어떻게 해야 할까요? 젊은 패기와 근성으로 이뤄낸 성공 스토리를 좋아하는 관리자는 진지한 표정으로 이렇게 말합니다.

"일체감이 없다고! 그렇다면 회식이라도 할까."
"일체감을 키우기 위한 5개 조항을 정해서 매일 아침 다 함께 복창해보자!"
"인사를 안 하는 것이 문제야. 인사하기 운동을 하자!"

쯧쯧쯧, 그게 아니랍니다. 대책은 바로⋯⋯.

☑ 일체감의 상실은 이렇게 만들어진다

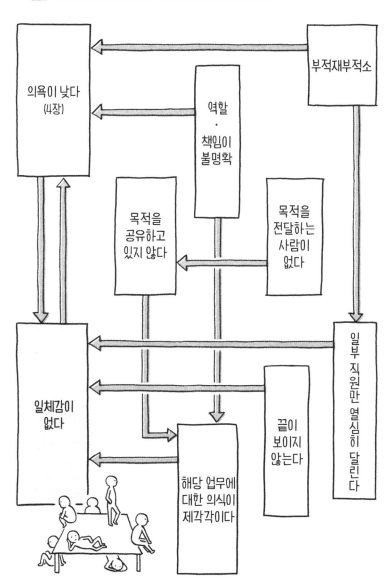

'끝장'을 내는 것!

최소한 다음의 세 가지를 끝장내봅시다.

① 목적을 공유하라!

- 그 일은 무엇을 위해 하는가?
- 누구에게, 어떤 가치를 가져다주는가?
- 우리가 그 일을 추진하는 의미는 무엇인가?
- 완료 상태는 어떠한가?

먼저 위와 같은 목적을 팀원 전체가 공유하는 환경을 만들어야 합니다.

"아, 그래야 하는 건 알고 있어요. 하지만 당초부터 목적을 아는 사람이 아무도 없는 게 아닐까요? 게다가 목적은 시시각각 바뀌기도 하고요……."

물론 그렇기도 하지만, 그렇다고 이해할 수는 없습니다!
목적을 확인할 책임은 누구에게 있을까요? 리더나 관리자에게 있습니다. 리더나 관리자는 업무의 목적을 정확히 확인하거나,

혹은 설정해야 합니다.

여러분이 부하 직원의 입장이고, 업무의 목적을 모르고 있다면 리더에게 끈질기게 질문해주세요. 대답할 때까지요. 가만히 내버려두어서는 안 됩니다!

목적은 살아 있는 생물과 같습니다. 내부 환경과 외부 환경의 변화, 경영진의 변덕, 그 밖의 다양한 요인에 따라 변화합니다. 처음에 확인한 후 그대로 방치해서는 안 됩니다. 리더는 정기적으로 상급자에게 목적을 확인하고 팀원과 공유해주세요.

대형 프로젝트라면 목적을 큰 종이에 써서 사무실에 붙여두는 것도 한 가지 방법입니다. 그러면 모든 사람이 항상 목적을 인식할 수 있고, 목적을 벗어나면 상급자 자신도 알아채고 지적할 테니까요. 이런 시스템을 만드는 것도 중요합니다.

② 끝을 보여라!

아무리 즐거운 일이라도 오랜 시간 계속되면 사람은 지치게 마련입니다. 끝이 안 보이면 불안해집니다. 그리고 마침내 그 불안은 조직에 대한 불신감으로 바뀌게 되죠.

'언제 끝나는가?'를 보여주는 것, 이것이 조직과 사람의 신뢰 관계를 유지하는 데 매우 중요합니다.

"즐겁게 일하고 있으니 야근쯤이야 계속해도 되겠지."

"일이니까 모두 열심히 따라올 거야."

이는 관리자 쪽에서 제멋대로 품고 있는 믿음입니다.

종신고용이 주류를 이루었던 시절에는 그런 믿음이 버젓이 통했는지도 모릅니다. 하지만 지금은 다릅니다. '열심히 따라오기'는커녕 '과감하게 그만두는' 사람도 있습니다. 과거의 상식에 근거한 착각이나 일방적인 단정은 위험합니다.

'끝나지 않는 싸움'을 끝내도록 합시다!

③ 역할과 기대를 명확하게!

자신의 역할은 무엇인가? 이 업무에서 나에게 기대하고 있는 것은 무엇인가?

이 부분이 모호하면 사람은 적절하게 행동할 수 없습니다.

"저는 어디까지나 보조 역할이라고 생각했기 때문에 나서지 않고 가만히 있었습니다."

"아, 제가 업무 방식을 생각해서 제안해도 되는 거였나요?"

팀원에게 주체성을 기대하고 있었는데, 모두가 수동적입니다.

반대로 별로 큰 수고를 들이지 않고 담담하게 해치우면 되었을 일을 팀원이 불필요하게 의욕을 내는 바람에 시간과 공을 소비하게 되는 패턴도 있습니다.

부하 직원 : "저희는 이제 늦게까지 남아서 열심히 했습니다!"
관리자 : "뭐? 그렇게까지 할 필요는 없었는데……."
부하 직원 : "……제가 괜한 수고를 했군요……."
관리자 : "아, 아니…… 그것이……."

쓸쓸하네요. 서로에게 '낭패감'을 안겨주는 이 거북함. 그리고 부하 직원과 관리자 사이에는 거리감이 생겼습니다. '본인들이 자신들에게 주어진 역할과 기대를 몰랐다'는 이유 하나만으로 이 같은 일이 일어났다면 얼마나 슬픈 일인가요.

관리자는 앞장서서 팀원에게 주어진 역할과 기대를 전달해야 합니다.

세상에는 '끝'이 없기 때문에 일어나는 문제들이 늘고 있습니다. '보행 중 스마트폰 사용'도 그렇고, 나아가 우리의 업무 방식도 그렇습니다. 그러니 업무 속의 모호함과 맞부딪쳐 끝장을 내도록 합시다.

관리직이 일찍 퇴근하는 것이 좋은 이유는?

신제품이나 신규 기획을 시작하는 때나 혹은 결산 시기 등 어떤 일이건 바쁜 시기가 있습니다. 그러나 1년 내내 장시간 노동이 계속된다면 어떨까요? 50대 관리직까지 매일 늦게까지 남아 일하는 업무 환경이 일상화되어 있다면? 젊은 사원은 '이 회사에 다니면 평생 이렇게 격무에 시달리겠구나' 하는 불안감을 느끼게 되겠죠. 그리고 '이 회사에 평생 다니는 것은 좀……' 하고 생각할지도 모릅니다.

얼마 전 지인이 다니던 회사를 그만두고 타 업계로 이직했습니다. 그의 나이는 스물일곱. 결혼을 앞둔 그는 다음과 같은 속내를 털어놓았습니다.

"일에 불만은 없어요. 다만 앞으로 가정을 꾸리게 될 텐데, 평생 그 회사에서 일하는 것은 아니다 싶은 생각이 들더라고요……."

   그 회사는 신입 사원이건 경력 사원이건 할 것 없이 1년 내내 야근과 휴일 출근이 당연한 곳이었습니다.

   관리직 여러분, 업무 방식을 다시 돌아봐주세요. 가끔은 일찍 귀가하도록 합시다. 젊은 사원이 동경할 수 있는 뒷모습을 보여주는 것도 관리직의 중요한 역할입니다.

의욕이 낮다

SECTION 04

"주체성을 갖고 일했으면 좋겠다."

"억지로 시켜서 하는 듯한 느낌이 없는 직장을 만들고 싶다."

"사원의 의욕을 북돋우고 싶다."

경영자와 관리직이 입버릇처럼 하는 말입니다.

"어차피 해야 한다면 의욕적으로 일하고 싶다."

"기왕이면 즐겁게 일하고 싶다."

고용되는 쪽도 모두 그렇게 생각하고 있을 겁니다. 그런데 현실은 그와는 정반대죠. 그리고 누락과 재작업이 반복되어 일이 예정대로 끝나지 않습니다.

의욕의 문제는 꽤 복잡합니다. 급여 체계 등 금전적인 문제부터 개인의 사적인 형편에 이르기까지 하루아침에 바꿀 수 없는 요인이 관련되어 있는 경우도 있습니다. 여기에서는 현장 수준에서 개선할 수 있는 요인에 초점을 맞추겠습니다.

낮은 의욕과 억지로 시켜서 하는 듯한 느낌을 야기하는 원인은 크게 세 개의 구역으로 나눌 수 있습니다.

① 신뢰·애착 구역

② 과잉 기대 구역

③ 모호한 구역

먼저 여러분이 속한 팀의 의욕이 낮은 원인이 어느 구역에 해당하는지 다음 쪽의 그림에서 찾아봅시다(아, 전부 해당한다고요!).

신뢰·애착 구역

"관리자나 다른 팀원을 신뢰하지 않는다."
"회사나 팀에 대한 소속감이 없다."

의욕이 낮은 이유는 조직이나 사람에 대한 팀원의 신뢰와 애착이 희박하기 때문입니다.

특기를 발휘할 수 없다

"경리 전문인데, 어찌된 건지 영업에 배정되었다."
"웹 디자인이 특기인데, 사무 작업만 시킨다."
"나는 해외 비즈니스 경험이 풍부한데 팀을 이동하고 나서는 계

☑ 낮은 의욕과 억지로 시켜서 하는 듯한 느낌을 주는 원인

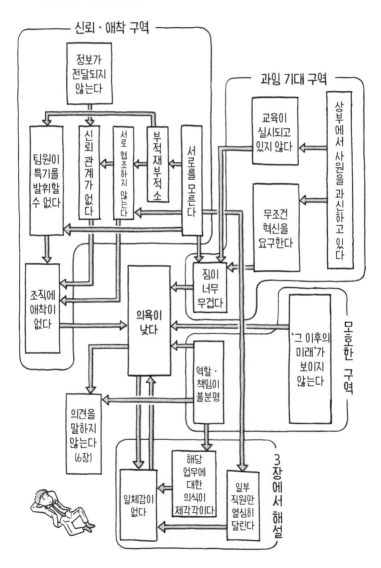

속 국내만⋯⋯."

고용된 사람이라면 누구나 이런 안타까움을 느낀 적이 있지 않을까요?

물론 회사 조직 구조상 본인이 하고 싶은 일, 잘할 수 있는 일만 한다는 보장은 없습니다. 혹은 조직을 위해, 본인을 위해서 상사는 굳이 경험이 별로 없는 일을 부하 직원에게 맡기기도 하겠죠. 다만, 어떤 사정이 있건 하고 싶은 일을 하지 못하고, 자신 있는 지식이나 기술을 발휘할 수 없는 상태가 지속되면 의욕은 떨어지게 마련입니다.

왜냐하면 인간이니까.

여기서 슬픈 일화 하나를 소개하겠습니다. 일부 상장한 어느 대기업(전통 있는 제조업)의 기술 부서에서 있었던 이야기입니다.

어느 날 두 명의 과장 대리에게 이전과는 전혀 다른 부문의 업무가 배정되었습니다. 과거의 지식이나 경험이 전혀 통용되지 않는 세계. 상사에게는 질책받고 젊은 사원들에게는 무시당하고 거래처에는 동정받는, 육체적으로도 정신적으로도 괴로운 날들이 계속됩니다. 이윽고 한 사람은 그 상황을 견디지 못하고 회사를

☑ 신뢰·애착 구역의 상세 지도

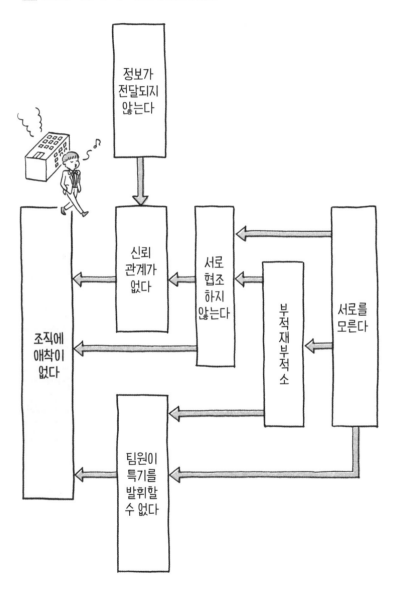

그만두었습니다. 남은 한 사람은 그 후 과장으로 승진했습니다.

사실은 그 고난이 관리직 승진을 위한 시련이었다고 합니다. 다만 본인들에게는 그러한 사실을 사전에 알리지 않았던 것이죠. '사자는 자기 새끼를 험난한 골짜기에 떨어뜨린다'는 방식을 실행한 겁니다.

이 방식의 옳고 그름은 기업의 조직 풍토에 좌우되므로, 단순히 평가할 수는 없습니다. 그러나 관리직 후보에 오를 정도로 우수한 사원을 한 명 잃어버렸다는 것은 틀림없는 사실이죠. 퇴사한 한 사람은 회사와 상사에게 불신감을 품게 되었을 겁니다. 회사에도, 본인에게도 매우 불행한 결말입니다.

적어도 본인에게 사전에 의도가 전달되었다면 의욕을 갖고 도전하지 않았을까요? 그렇게 생각하면 참으로 안타까운 일입니다. 그렇다면 특기를 발휘할 수 없는, 안타까운 직장 환경은 어떻게 탄생하는 걸까요?

부적재부적소

"어째서 이 업무가 나에게 할당되었을까(나 말고도 적임자가 있는데……)?"

"나는 영어에 자신이 있는데 어째서 해외 관련 업무를 맡겨주지 않는 거야!"

"서툰 업무를 계속해야 하다니 솔직히 너무 괴로워."

일과 사람의 미스매치. 이래서는 팀원이 특기를 발휘할 수 없습니다.

나아가 이런 케이스도 있습니다.

"퇴근 후에 학원에 다니고 싶은데, 업무량이 너무 많아."
"내일 딸아이 운동회라서 오늘은 일찍 퇴근해야 하는데(왜 지금 이 일이 내게 떨어지는 거야, 누가 대신해주지도 않을 텐데)……."

그 사람이 놓여 있는 상황과 업무의 미스매치. 다소 어쩔 수 없더라도(일이니까) 그런 경우가 일상화되면 리더와 조직에 대한 불신감이 깊어집니다.

그리고 부적재부적소의 밑바탕에 깔려 있는 것이…….

서로를 모른다

그렇다면 여러분은 팀원들의 특기를 처음부터 알고 있었습니까? 개인적인 상황을 알고 있습니까?

"아, 그러고 보니 옆자리의 F 씨는 지금까지 어떤 일을 해왔고,

뭘 잘하는지 모르겠네."

아마 이런 말이 나올 수도 있습니다. 이래서는 상대방에게 잘
하는 일을 맡기려야 맡길 수 없죠. 그 사람에 대해 잘 모르니까요.

- 팀원들끼리 서로를 모르면
  → 서로 돕지 않는(다기보다 도울 방법이 없다) 상태가 발생합니다
- 리더가 팀원들을 모르면
  → 업무와 사람의 미스매치, 즉 부적재부적소의 인재 배치가 이루어집니다

이렇게 해서 신뢰 관계가 없고, 의욕이 바닥을 치는 직장이 착
착 완성되어 갑니다. 게다가 팀원의 의욕 저하에 박차를 가하는
것이 바로……..

정보가 전달되지 않는다

정보가 공유되고 있지 않다, 이 또한 그곳에서 일하는 사람들
의 의욕을 떨어뜨릴 수 있습니다. 특히 조직 체제나 인사이동 등
중요한 정보의 전개는 중요합니다.

중요 정보를 공개한다는 것은 곧 상대방을 신뢰한다는 증거입
니다. 바꿔 말하면 사람은 정보가 주어지지 않으면 상대에게 신

뢰받지 못한다고 느끼게 됩니다.

과잉 기대 구역

경영자나 관리자가 팀원의 능력을 과대평가하여 지나치게 기대하는 경우도 의욕을 떨어뜨릴 가능성이 있습니다.

① 너도나도 혁신

'혁신' '글로벌' '다양성'.

이 세 가지는 경영자가 좋아하는 3대 용어라고 해도 과언이 아닙니다. 그중에서도 '혁신'은 지금 너나 할 것 없이 알아야 할 것처럼 떠들어대는 단어입니다.

자신의 부하 직원이라면 할 수 있다고 생각해서 '혁신'을 기대하죠. 그런데 대다수 현장 사람들은 가끔 이런 속내를 털어놓습니다.

"위에서 틈만 나면 혁신을 하라고 요구하는데, 솔직히 너무 부담스러워."

"혁신을 하라고 말하지만, 무엇을 하면 좋을지 전혀 감이 안

☑ 지나친 기대가 초래하는 불행

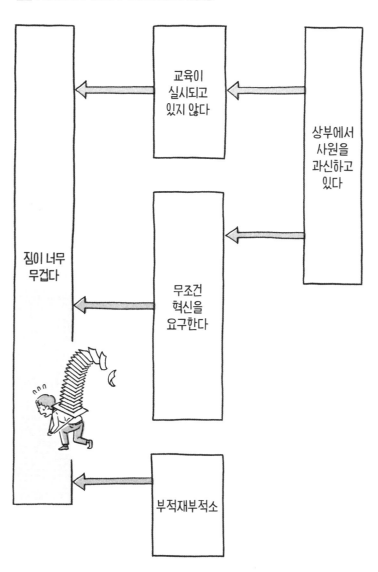

교육이
실시되고
있지 않다

상부에서
사원을
과신하고
있다

짐이 너무
무겁다

무조건
혁신을
요구한다

부적재부적소

잡혀."

"혁신을 생각할 시간도 능력도 없건만……."

그중에는 이렇게 신랄한 불만을 제기하는 사람도 있습니다.

"애당초 위에서는 혁신이 뭔지 알고는 있습니까? 하나씩 개선해 나가면 안 되는 건가요?"

"그저 '혁신'이라고 말하고 싶은 것뿐 아닌가요?"

물론 혁신은 중요하고, 조직의 성장을 위해 필요합니다. 하지만 생각해보십시오.

정말로 혁신이 요구되는 업무나 부서가 얼마나 있을까요.

그보다 먼저 당연히 개선되어야 할 부분을 고치는 게 더욱 중요하지 않을까요?

일일이 '혁신하고 있는가?'라며 부하 직원을 닦달하면 조직은 사고 정지에 빠집니다. 평상시에 이루어지는 꾸준한 업무 개선 노력이야말로 더욱 평가받아 마땅합니다.

여기에서 한마디.

혁신을 부르짖을 때마다
떨어지는 의욕!!

② 적절한 교육이 실시되고 있지 않다

'우리 사원은 우수해서 자기들끼리도 알아서 잘할 수 있어.'

이렇게 생각하는 경영자와 관리자. 그리고 '자신들의 능력으로 어떻게든 해결하라'고 입버릇처럼 이어지는 말. 음, 사원에게 자부심을 갖고 있는 것은 좋지만, 그래도 없는 것(능력, 지식, 경험)은 없는 것입니다.

변변한 교육도 실시하지 않고 높은 성과만 요구하는 건 너무 염치없는 일 아닌가요?

무리하게 사원에게만 노력하라고 하지 말고, 예산을 확보해서 전문가의 힘을 빌리거나 외부 연수나 강연회를 실시해야 합니다.

모호한 구역

목적을 알 수 없다. 끝이 보이지 않는다……. 모호와 어중간함이 야기하는 죄에 대해서는 3장에서도 다루었지만, 다시 등장했습니다. 모호의 문제. 여기에서는 두 가지 대표 선수가 등장합니다.

① 역할 · 책임이 불분명

3장에 이어 다시 등장했습니다. 각각의 역할과 책임이 모호한 상태는 팀원의 의욕을 크게 떨어뜨립니다.

"나에게 무엇을 기대하고 있는 것일까?"

"어디까지 해야 좋을까?"

역할과 책임이 모호한 상태는 가끔 팀원들을 사고 정지에 빠지게 합니다. 또한, 부하와 팀원에게 업무를 통째로 맡기는 것도 주의해야 합니다. 이따금 '나를 신뢰하고 있다'고 기뻐하는 직원도 있지만, '그저 이리저리 편리하게 이용당하고 있을지도 몰라, 그저 심부름꾼 같은 존재일 수도?'라고 생각해서 관리자를 불신하게 되는 사람도 적지 않습니다.

☑ 모호함은 조직의 죄

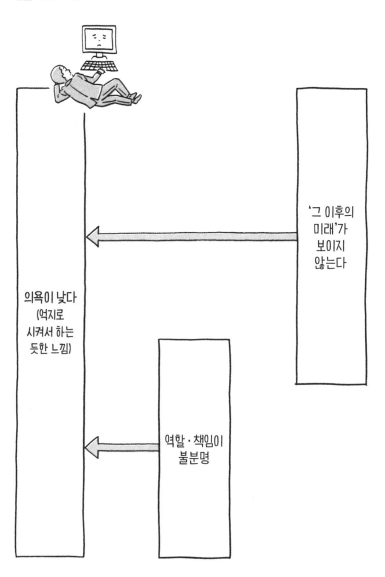

의욕이 낮다
(억지로
시켜서 하는
듯한 느낌)

'그 이후의
미래'가
보이지
않는다

역할·책임이
불분명

역할과 책임은 명확해야 합니다!

"이 프로젝트가 끝나고 나면 나는 어떻게 성장해 있을까?"
"이 일을 통해 어떤 능력을 갖추게 될까?"
"이 일이 끝나면 다음에는 어떤 일이 기다리고 있을까?"

앞이 보이지 않는다, 이로 인해 불안감을 느끼며 의욕을 상실하는 사람도 있습니다.

저는 다양한 기업에서 업무 프로세스 개선을 맡고 있는데, 어느 회사에서 회의 개선에 관한 강의를 할 때의 일입니다. '회의 운영 방식을 재검토하여 회의를 효율적으로 진행하면 어떤 이점이 있는가?' 하고 질문했는데, 여러 명에게서 충격적인 답을 들었습니다.

"한 번도 효율적인 회의를 해본 적이 없어서 상상이 안 되네요."
"어, 회의는 그저 부장님의 지루한 이야기를 참아내는 자리 아닌가요?"
"제겐 '회의를 운영한다'는 발상 자체가 없었습니다……."

놀랍게도 수강자의 절반가량이 개선한 후의 모습을 모르겠다, 상상할 수 없다고 답했습니다. 이래서는 개선하려는 의욕이 생길 수 없습니다. '그 이후의 미래를 보여준다', 먼저 이것부터 시작해야 한다는 것을 실감했습니다.

배우기 위한 기회를 마련하자

세 개 구역의 원인들이 엮어내는 의욕 저하의 문제, 어떻게 해결해야 할까요?

우선 중요한 것이 '알기 위한 기회를 마련하는' 일입니다.

- **사람을 안다**
- **제품을 안다**
- **회사(조직)를 안다**

이 세 가지는 조직에 대한 애착과 소속감을 만들어내는 데 반드시 필요한 요소입니다. 특히 '사람을 안다'는 어떤 직장에서나 중요하죠. 직원들과 팀원들 사이에 서로를 알 수 있는 기회를 마련합니다. 관리자가 앞장서서 추진하는 게 좋습니다.

- 평소의 정례회의, 마지막 10분간 팀원들의 활동을 발표하는 시간을 갖는다
- 주1회는 팀원들이 함께 점심 식사를 한다
- 다른 팀과 함께 스터디 모임을 진행한다

이 정도의 시도를 두세 달가량 지속하는 것만으로도 직장의 분위기가 많이 달라집니다. 자연스럽게 대화가 늘어나고, 의욕도 높아질 것입니다.

사원 간의 '앎'을 촉진하기 위해 사무 공간을 어떻게 구성할지 고민하는 기업도 많아졌습니다. 예를 들면, 주식회사 미디어시크에서는 사원이 오가는 동선에 사무 공간을 배치해서 사원 간의 커뮤니케이션을 활성화하고 있습니다. 손쉽게 미팅이나 작업을 할 수 있는 탁자를 배치해서 누가 어떤 일을 하고 있는지 알 수 있습니다. 사내의 스터디 모임이나 사례 발표 모임도 사무 공간에서 진행합니다. 폐쇄적인 회의실에서 하는 것과는 달리 다른 부서나 다른 팀의 사원이 지나다니면서 자연스럽게 그 부서에서 누가 어떤 일을 하고 있는지 알 수 있습니다.

사람은 알면 좋아하게 되고, 좋아하게 되면 주체적으로 행동하는 생물입니다. '안다 → 좋아하게 된다 → 행동한다', 이 순환이 자연스럽게 생기는 구조를 만들어보세요.

✅ '앎'을 만들어내는 사무 공간

가벼운 미팅 자리나 휴식을 취할 수 있는 개방된 장소를 마련한다 ('사람을 안다'를 촉진).

개방적인 공간에서 스터디 모임이나 발표회를 실시한다('지식을 안다'를 촉진).

사람은 정보를 모르면 불안해합니다. 불안은 불만으로 바뀌고, 나아가 불만은 관리자나 조직에 대한 불신으로 이어집니다.

그러나 그저 단순히 정보를 공개하기만 하는 것도 좋지 않습니다. 누구와, 언제 공유하는가? 정보를 공유하는 순서에도 배려가 필요하죠.

예를 들어 여러분이 팀의 과장으로서 조직 체제의 변경과 인사 이동에 관한 정보를 입수했다고 합시다.

- 다른 부서나 외부인이 우리 팀원보다 먼저 알고 있었다면?
  → 팀원의 의욕이 떨어진다
- 과장 대리, 일반 사원, 외주 직원에게 같은 장소, 같은 시기에 일제히 알렸다면? → 과장 대리가 실망한다

가능하다면 '과장 대리 → 일반 사원 → 외주 직원' 순서로 따로 알립니다. 정보를 남보다 먼저 알게 함으로써, 상대에게 특별하다는 느낌을 갖게 합니다. 아주 작은 노력이 팀원의 의욕을 높일 수 있습니다.

직원들이 '혁신'과 '주체성'을 갖길 바란다면 이를 위해서 시간과 돈을 아끼지 마십시오.

- 외부 연수와 강연을 듣도록 한다
- 타사와의 스터디 모임에 참가하게 한다
- 외부 컨설턴트를 초빙한다

내부에서만 어떻게든 하려 하지 말고 외부 자원을 활용하는 것도 방법입니다.

이는 미래가 보이지 않아 불안감을 느끼는 팀원들을 앞으로 나아가게 하는 효과도 있습니다.

사내 직원은 조직 내에서 직접 겪지 못한 미래에 대해 이야기할 수 없습니다. 따라서 먼저 겪은 외부(타사 등) 사람에게 듣고 유사 체험을 하는 수밖에 없겠죠. 그렇게 해서 미래에 대한 불안이 사라진다면 팀원은 스스로 달리기 시작합니다. 나아가 교육에 시간과 돈을 들임으로써, 팀원의 조직에 대한 사랑과 의욕이 높아집니다.

'억지로 시켜서 하는 듯한 느낌'을 '적극적으로 해보자!'로 바꾸려면 시간이 걸리게 마련입니다. 사람은 그렇게 금방 바뀌지 않습니다(왜냐하면 인간이니까!). 하지만 '뭐, 해봐도 괜찮을 것 같네'라는 정도라면 가능할지도 모릅니다. 처음부터 너무 큰 걸 바라지 말고, 일단은 그 정도 수준을 목표로 합시다. 그리고 그것은 관리자가 조금만 신경 써서 고민하면 충분히 달성할 수 있습니다.

열정과 근성으로 출근한다?

'성실하다'는 평가에 대해 어떻게 생각하시나요?

- 의욕이 높건 낮건 열심히 일한다
- 품질을 고집한다
- 포기하지 않고, 완수해낸다

상부의 압력, 부하 직원의 자발적인 의식, 이 두 가지 요인이, 나아가서는 그 두 가지 요인에 의해 만들어진 조직 문화가 성실하게 만드는 것일 수도 있습니다.

여기에서는 두 번째 요인, 즉 사원의 자발적인 의식에 대해 생각해봅시다. 이를 깊이 파고들면 그 안에 내재된 인간의 심리적인 욕구를 마주하게 됩니다.

최근에는 도심에도 폭설이 내리거나 태풍이 휘몰아치는 경우가 많은데, 그런 상황에서도 많은 사람들이 집에서 쉬기보다는 평소보다 일찍 일어나 역으로 향합니다. 그리고 아무리 기다려도 오지 않는 전철을 수많은 인파 속에서 하염없이 기다리며 역무원에게 불평을 터뜨립니다. 그리고 간신히 도착한 아비규환의 전철(혹은 노선버스 등)을 타고 회사로 향합니다. 말할 필요도 없이 그 시간은 회사에게나 개인에게나 무익한 것이죠.

폭설이 내리건, 태풍이 휘몰아치건 열정과 근성으로 출근하는 것. 이를 고지식하다는 말로 그냥 넘어가는 경우가 많은데, 그래서는 언제까지고 긍정적인 방향으로 개선되지 않을 것입니다. 그 고지식 뒤에 존재하는 인간의 욕구를 파헤쳐봅시다.

자신이 열심히 노력하고 있다는 사실을 인정받고 어필하고 싶다

사람에게는 누구나 주위(상사, 동료 등)로부터 인정받고자 하는 욕구가 있습니다. 이를 '승인 욕구'라고 합니다. 출세욕이 없는 사람이라도 일을 대충하는 사람이라는 평은 듣고 싶지 않아서 자존심을 세워 힘들어도 출근하려고 합니다. 나아가서는…….

의외로 알아채기 어려운 점이 바로 이것입니다. 대부분의 업무는 당사자가 하루 이틀 빠져도 큰 차질 없이 진행됩니다만, 이를 스스로 증명하고 싶지 않다는 방어 본능이 작용합니다.

하루 이틀 멈춰도 문제가 없는 일이라고 생각되면 자기 일의 가치가 떨어지고, 자신의 존재 의의가 사라진다, '마침내는 내 일의 가치가 가벼워지고, 사라져 버리는 것이 아닐까?' 하는 불안감마저 갖게 됩니다. 즉, '안정 욕구'의 또 다른 모습입니다.

게다가 신입사원이나 입사한 지 얼마 안 되는 경력사원의 경우에는 유급 휴가가 적은데, 이것이 더욱 열정과 근성의 출근을 하게 만듭니다.

휴가 일수를 줄이고 싶지 않다, 특히 어린 자녀가 있는 사원은 혹여 아이가 병이라도 날 때를 대비해 유급 휴가를 남겨두고 싶다, 그래서 출근할 수 있을 때는 되도록 출근하려고 합니다. 아이가 독감에 걸리거나 학교가 임시 방학이라도 하면 유급 휴가를 써야 하니까요. 애초부터 가족이

있는 경력사원과 신입사원의 유급 휴가가 같은 인사 제도
자체에 문제가 있습니다. 삶의 무대가 완전히 다른데 말입
니다.

'폭설이 내리는 날 정도는 쉬는 게 어떨까?'
'사실은 그 일, 무리하지 않아도 괜찮지 않아?'
'오늘 꼭 안 해도 되지 않을까?'

이런 생각 자체를 쉬이 하지 않는 요인은 거기에 있습니
다. 그러면 어떻게 해야 할까요? 꽤 어려운 문제입니다만,
재택근무도 그 해결책의 하나라고 보고 있습니다. 우선도
가 높은 업무는 물론, 필요하지도 급하지도 않은 업무 또
한 집에서 처리할 수 있도록 하면 '출근은 못 하지만, 업무
는 계속한다'는 상황을 만들 수 있습니다. 그 결과, 회사에
도움이 될 뿐만 아니라 일하는 사람들의 자존심과 안도감
을 지킬 수 있습니다.

인정받고 싶어, 인간이니까.

인간의 심리적 욕구는 쉽사리 바뀌지 않습니다. 그렇다면 일하는 방식을 바꿔 인간의 욕구에 맞추는 수밖에 없을 겁니다.

기한 내에 끝내지 못한다

'지금까지 일을 기한에 맞춰 끝낸 적이 없어.'

'기한 내에 끝내려고 생각은 하지만, 왠지 끝나지가 않아요.'

'기한은 그저 열심히 하라는 의미의 목표가 아닌가요?'

매번 기한을 넘기기 일쑤인 팀. 그런 가운데 점점 팀원은 뻔뻔해지고 기한을 지키지 않는 것이 당연시되는 풍토가 자리를 잡습니다. 그리고 어느새 당신의 팀은 누구에게도 신뢰받지 못하는 '안타까운 집단'이 되죠……

그렇다면 이 악습은 어떻게 끊어내야 할까요? 한 관리자는 이렇게 말합니다.

"의지가 약해서 그런 거다. 열정과 근성으로 지쳐 쓰러지더라도 기한에 맞춰 일을 끝내라!"

나왔군요, 구태의연한 노오력론! 때로는 필요할 수도 있겠지만, 근성론만 내세우다 보면 4장에서 언급한 의욕 저하의 나락으로 떨어집니다.

왜 여러분의 팀은 기한 내에 일을 끝내지 못하는 건가요?

4장의 의욕 저하와 마찬가지로 크게 네 가지 원인이 오늘도 여러분이 하는 일의 발목을 필사적으로 붙잡고 있습니다.

① 유연성이 없다
② 계획·관리가 허술하다
③ 지식·스킬이 없다
④ 과도한 자책 의식

유연성이 없다

개인, 그리고 팀의 환경 변화에 유연하게 대처하는 능력이 없으면 업무는 순식간에 늦어지기 시작합니다. 유연성이 없다는 것은 다음 두 가지에 '대처할 수 없다'는 뜻입니다.

① 변화에 대처할 수 없다

"미안, 본부장의 지시로 예산이 삭감되었네. 당초 계획한 예산보다 10퍼센트 줄여서 진행해주게."

"지난번 전시회의 보고서는 지면뿐 아니라 웹에도 공개하기로 했으니까 잘 부탁해."

"다음 달에 우리가 주최하는 강연에서 디자인 부서도 발표하겠다고 하니까 일정 좀 조정해줘."

계획은 살아 있는 생물과 같습니다. 일의 크고 작음에 상관없이 항상 변화가 일어납니다. 오히려 처음 계획대로 진행되는 경우가 드물 것입니다.

여기서 '처음 계획과 다르잖아요!'라고 불평해봤자 소용없습니다. 어느 정도의 변화는 예상하고 대처할 수 있어야 합니다.

② 자꾸 다른 일이 끼어든다

"잠깐 시간 낼 수 있어? 당장 처리해야 할 일이 하나 있는데."

"주임님, 큰일 났습니다. 문제가 생겼어요!"

"죄송한데 잠깐 상의드리고 싶은 건이 있습니다."

다른 일이 끼어든다, 이 또한 주요 업무의 계획을 꼬이게 만드는 큰 요인입니다. 한 가지 업무만 해도 된다면, 아무 방해도 받지 않고 자신이 맡은 일에만 전념할 수 있다면 여유롭게 기한에 맞출 수 있을 텐데 현실은 그렇게 호락호락하지 않습니다. 갑작스러운 주문, 긴급한 주문, 문제, 클레임, 문의…… 다양한 업무가 끼어들어 당신이 가는 길을 막습니다.

☑ 그래서 기한 내에 끝내지 못한다

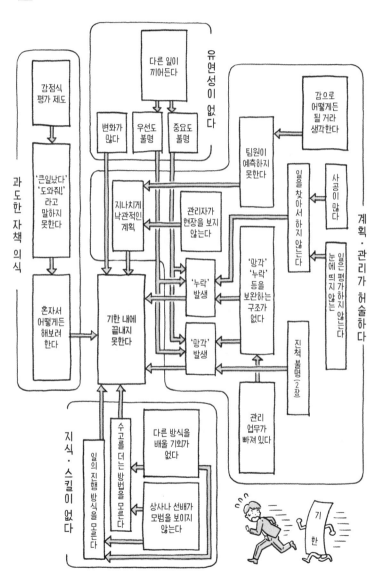

계획이 변경되거나 중간에 다른 일이 끼어드는 상황은 천재지변과 같습니다. 피하기 힘들다는 얘기죠. 피할 수 없기 때문에 최소한 정확히 컨트롤할 수 있어야 합니다. 그런데 일의 계획 자체가 허술하고, 관리가 되지 않는 상태에서 해야 할 업무를 잊거나 빠뜨리는 상황이 연이어 발생하고, 게다가 한술 더 떠 갑작스러운 일이 끼어들면 그야말로 지옥이 따로 없습니다. 이런 상태에서 계획대로 일을 마치길 기대하는 것은 꿈도 꿀 수 없습니다. 여기에는 두 가지 '허술함'이 미소를 지으며, 나쁜 짓을 하고 있습니다.

① 계획 자체가 허술하다

애초에 일의 계획 자체가 허술합니다. 갑작스러운 일이 생겨 끼워넣거나 변화가 일어날 상황 등은 일절 없을 거라는 전제하에 일을 진행하는 거죠. 바람이 불지 않는 쾌청한 날씨라 믿고 항해를 떠나는 배처럼 어떤 위험 요소도 염두에 두지 않았습니다. 그렇게 낙관적인 계획은 '계획'이라고 할 수 없습니다.

어째서 낙관적인 계획을 세우게 되는 걸까요?

☑ 다른 일이 끼어드는 바람에 계획에 차질이 생긴다

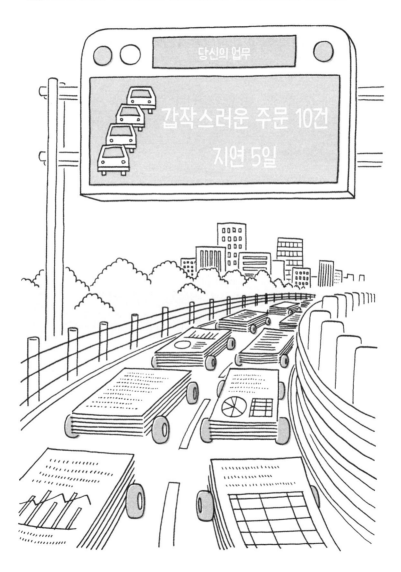

- 팀원의 경험과 지식 부족, 일에 대한 낮은 의식
- 관리자의 현장에 대한 무지
- 감에 의존해서 일하는 방식(=작업 공정 수나 기간을 예측하지 못한다)

이런 사항들을 예로 들 수 있습니다.

② 후속 조치가 허술하다

처리해야 할 일이 아무리 많아도, 도중에 다른 일이 끼어드는 갑작스러운 변화가 아무리 많이 일어나도 누군가 진행 상황에 대해 묻는다면 해야 할 업무를 잊거나 빠뜨리는 일은 막을 수 있습니다. 그러한 진행 관리 담당자는 어느 정도 규모의 조직에서는 반드시 존재해야 합니다만…… 아무도 관리를 하고 있지 않습니다(특히, 팀원 전체가 눈에 띄고 싶어 하는 사람들로 구성되어 있다면 눈에 잘 안 띄는 관리 업무는 아무도 하고 싶어 하지 않습니다)!

모두 묵묵히 자기가 맡은 일에만 집중합니다. 누가 무슨 일을 하고 있는지, 어느 정도 진행되었는지, 관리자조차 모릅니다. 그러다가 문득 고개를 들면 '망각'과 '누락'된 업무가 잔뜩 쌓여 있습니다. 재작업의 폭풍. 그리고 모두 사이좋게 늦어지는 사태를 초래합니다.

지식·스킬이 없다

일의 진행 방식을 모른다, 또는 어느 정도 수준에서 마무리해야 하는지 모른다, 일을 추진하는 데 필요한 능력이 없다, 이러한 무지와 스킬 부족도 일을 지연시키는 큰 요인이 됩니다.

'적절한 수준에서 일을 마무리한다' '뒤로 미룬다' '하지 않는다'는 식의 언뜻 부정적인 행동도 때로는 중요합니다. 도중에 끼어드는 모든 일을 일일이 대응하면 계획한 업무 일정은 점점 뒤로 밀릴 수밖에 없습니다. 그 결과, 도중에 끼어드는 일들 때문에 계획한 기한이 자꾸자꾸 지연됩니다.

그런데 일의 진행 방식이나 어느 정도 수준에서 일을 마무리해야 할지 등은 어떻게 익히면 좋을까요? 가까운 상사와 선배에게 배우는 것이 가장 좋겠죠. 특히 일을 어느 정도 수준에서 마무리해야 하는지 등에 대해서 교과서는 가르쳐주지 않습니다. 혹은 외부(타 부서, 사외)를 통해 배우는 방법도 있습니다.

여기서 질문입니다. 여러분의 상사나 선배는 일의 진행 방식이나 어느 정도 수준에서 일을 마무리해야 하는지 등을 가르쳐주고 있습니까? 여러분에게 자신들의 일하는 모습을 보여주고 있습니까?

과도한 자책 의식

의외로 까다로운 것이 이것입니다. 자신의 일은 어떻게든 혼자서 해내려고 하다 보니 과제나 고민을 혼자 떠안고 있습니다.

상사가 진행 상황을 물어봐도 팀원들은 '문제없다'고만 답하고, 관리자가 도와주려고 해도 혼자 할 수 있다며 도움을 거절합니다. 이러면 문제나 과제가 표면으로 드러나지 못하고, 도울 방법도 없습니다. 이 배경에는 다음과 같은 요인이 얽혀 있습니다.

- '큰일났다!' '도와줘!'라고 말하지 못한다
- '누군가에게 의지하는 것은 좋지 않은 일이다' '주위에 폐를 끼쳐서는 안 된다'
- '이 정도는 혼자서 어떻게든 할 수 있어야 한다'
- 스스로 해내지 못하면 좋은 평가를 받지 못한다

먼저 나서서 '도움'을 청하기란 좀체 쉽지 않습니다. 그래서 일단 혼자서 열심히 노력하죠. 그러다가 문제가 커져서 도저히 혼자 힘으로는 해결하지 못하는 상황에 이르러서야 관리자에게 도움을 요청합니다. 하지만 그때는 이미 늦어서 크게 지연되는 상황을 피할 수 없습니다.

"왜 보고하지 않은 거야!"

호통치는 관리자. 아니, 아니, 그렇게 팀원만 탓하다니요. 악의가 있었던 것은 아닙니다. 열심히 하려고 했을 뿐이죠. 바쁜 관리자에게 괜한 걱정을 끼치고 싶지 않다, 주위에 폐를 끼치기 싫다, 자신에 대한 평가를 떨어뜨리고 싶지 않다는 생각에서 한 일입니다. 이 상황은 '도움'을 청하기 쉬운 구조와 환경을 만들지 않은 관리자에게도 책임이 있습니다.

이상으로 계획의 완수를 방해하는 네 가지 원인을 알아보았습니다. 이 네 가지 원인을 해결하려면, 중요한 일을 계획대로 마치려면 어떻게 해야 할까요? 지금부터 다섯 가지의 요령을 알려드리겠습니다.

변화를 컨트롤한다 - 변화 관리

어떤 일에서나 계획은 바뀌게 마련입니다. 그러므로 계획을 컨트롤하는 것이 가장 현명한 대책입니다.

☑ 계획을 지연시키는 네 가지 원인

"아, 이 기능도 추가해줘."

"화면은 역시 이렇게 하는 편이 좋을 것 같은데."

이러한 추가 요청이나 수정이 많은 IT 업계에는 '변화 관리'라는 개념이 있습니다. 담당자 개인의 판단으로 대처하면 엉망진창이 됩니다. 게다가 모든 수정 사항을 받아들이면 끝이 없습니다. 정확한 절차에 따라 조직 차원에서 변화를 컨트롤할 필요가 있습니다.

변화 관리의 대략적인 흐름은 다음 그림과 같습니다. 자격을 갖춘 전문가와 관계자를 불러 수정 목적과 위험 요소를 평가하고, 변화 여부를 판단하며, 나아가 수정 계획을 충분히 조율하도록 합시다.

때로는 일정을 연기하기로 결정할 수도 있습니다. '관계자와 합의하에 기한을 연장하는' 일은 결코 안타까운 상황이 아닙니다. 계획된 연기와 일을 제대로 못해서 연기되는 것은 그 의미가 전혀 다릅니다.

☑ 변화 관리의 흐름

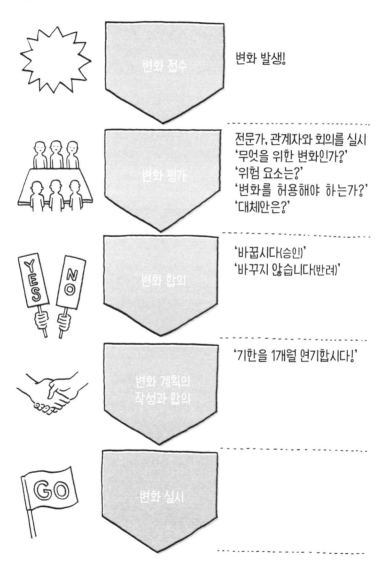

변화 발생!

전문가, 관계자와 회의를 실시
'무엇을 위한 변화인가?'
'위험 요소는?'
'변화를 허용해야 하는가?'
'대체안은?'

'바꿉시다(승인)'
'바꾸지 않습니다(반려)'

'기한을 1개월 연기합시다!'

안심하고 '잊을 수 있는' 환경을 만든다
- 사고 관리

   이어서 다른 일이 끼어들거나 누락되었거나 혹은 깜빡한 경우에는 어떻게 대처해야 할까요? 여기에서도 IT 업계에서 활용하는 '사고 관리'라는 방식이 도움이 됩니다. 생소한 용어일 수도 있겠지만, 사고란 '통상 업무의 수행을 방해하는 무엇'이라고 생각해주십시오. 예를 들어 갑작스러운 주문, 문제, 클레임, 문의 등…… 이른바 도중에 다른 일이 끼어드는 상황으로 생각해도 좋습니다. 사고 관리란, 그러한 통상 업무를 방해하는 사고, 다시 말해 사고를 어떻게 다룰지 조직에서 판단하여 대책을 계획하고, 착실하게 실시하기 위한 대처입니다.

   '사고 관리'는 그리 어렵지 않습니다.

① 가장 먼저 : 사고 관리 대장을 작성한다(엑셀도 상관없습니다)

② '끼어들기' 발생 : 사고 관리 대장에 개요를 기입한다(개인)

③ '끼어들기' 발생 : 처리 방침이나 우선도를 결정한다(팀에서)

④ 주1회 정도 : 사고 확인 회의를 실시하여 진행 상황을 확인한다(팀에서)

   앞쪽의 그림은 사고 관리의 활동 현황을 나타낸 것입니다.

사고 관리의 이미지

> 엑셀도 OK, 팀 전원이 공유할 수 있도록!

> '통상 업무를 방해하는 사고', 즉 사고가 발생할 때마다 기입하고, 진행 상황을 갱신한다

> 팀이 처리 우선도를 판단하여 공유한다 '즉시 처리' '추후 처리'를 명확하게!

사고 관리 대장

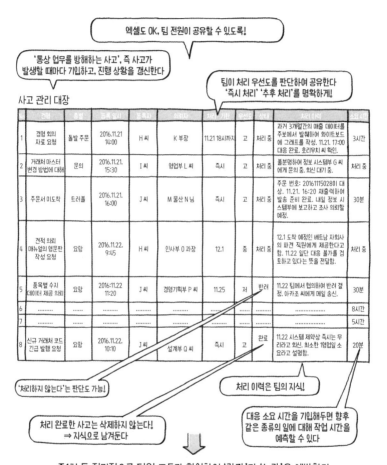

번호	건명	종별	등록 일시	등록자	의뢰자	처리 기한	우선도	상태	처리 이력	소요시간
1	경영 회의 자료 요청	돌발 주문	2016.11.21 14:00	H 씨	K 부장	11.21 18시까지	고	처리 중	과거 3개월간의 매출 데이터를 주보에서 발췌하여 화이트보드에 그래프를 작성. 11.21. 17:00 대응 완료. 호리우치 씨 확인.	3시간
2	거래처 마스터 변경 방법에 대해	문의	2016.11.21. 15:30	I 씨	영업부 L 씨	즉시	고	처리 중	불분명하여 정보 시스템부 G 씨에게 문의 중. 회신 대기 중.	처리 중
3	주문서 미도착	트러블	2016.11.21. 16:00	J 씨	M 물산 N 님	즉시	고	처리 중	주문 번호: 201611150280번 대상. 11.21. 16:20 재출력하여 발송 준비 완료. 내일 정보 시스템부에 보고하고 조사 의뢰할 예정.	30분
4	견적 의뢰 매뉴얼의 영문판 작성 요청	요망	2016.11.22. 9:45	H 씨	인사부 O 과장	12.1	중	처리 중	12.1 도착 예정인 베트남 자회사의 파견 직원에게 제공한다고 함. 11.22 일단 대응 불가를 검토하고 있다는 뜻을 전달함.	처리 중
5	품목별 수지 데이터 제공 의뢰	요망	2016.11.22 11:20	J 씨	경영기획부 P 씨	11.25	저	반려	11.22 팀에서 협의하여 반려 결정. 아카조 씨에게 메일 송신.	30분
6	....	......	....	......	....	......		......	....	8시간
7	....	......	....	......	....	......		......	....	5시간
8	신규 거래처 코드 긴급 발행 요청	요망	2016.11.22. 10:10	J 씨	설계부 Q 씨	즉시	고	완료	11.22 시스템 제약상 즉시는 무리라고 회신. 최소한 1영업일 소요라고 설명함.	20분

> '처리하지 않는다'는 판단도 가능!

> 처리 이력은 팀의 지식!

> 처리 완료한 사고는 삭제하지 않는다! ⇒ 지식으로 남겨둔다

> 대응 소요 시간을 기입해두면 향후 같은 종류의 일에 대해 작업 시간을 예측할 수 있다

주1회 등 정기적으로 팀원 모두가 확인하여 '망각'과 '누락'을 예방한다

안심하고 잊어도 괜찮아요, 팀이 지키고 있으니까

도중에 끼어든 모든 일을 일일이 대응하다 보면 끝이 없습니다. 처리 여부를 팀에서 판단합시다. 판단하기 쉽도록 팀에서 어떤 규칙이나 기준을 정해두는 것도 좋습니다.

- '끼어들기'는 다음 날 이후에 처리하도록 한다
- '끼어든 일을 처리하는 시간'을 매일 한 시간으로 정해두고, 그 시간에 일괄 처리하도록 한다(PC 스케줄에 설정해두면 팀원들의 의식을 환기하는 데도 도움이 된다)
- 최우선 업무를 미리 정해두고, 그 외 '끼어들기'의 우선도는 낮춘다
- '끼어들기'가 생길 때마다 최우선 업무의 지연 일수를 계산하여 의뢰자와 조율한 후에 진행한다

또한 '망각'과 '누락'이 발생하는 업무가 있어서는 안 됩니다. 정기적으로 사고 관리 대장을 모든 팀원이 확인하고, 담당자가 잊었다면 누군가 지적할 수 있도록 보완하는 구조를 갖추는 게 중요합니다.

나아가 사고 관리 대장에 처리 여부를 판단한 이력, 처리 이력, 소요 시간 등을 기재해두면 그 자체가 팀의 지식으로 축적될 것입니다.

"어라, 이 문제는 이전에도 발생한 적이 있는데. 그때 누가 어떻게 처리했더라?"

"이런 식의 돌발 주문은 처리하는 데 시간이 얼마나 걸릴까?"

과거의 지식을 토대로 효율적으로 대처할 수 있고, 소요 시간을 예상할 수도 있습니다.

또한 사고 관리 대장을 모두가 확인해서 '망각'과 '누락'이 있다면 서로 지적해주는 것이 중요합니다. 사람은 망각의 동물입니다. 그럼에도 중요한 업무의 처리 여부를 담당자 개인의 기억력이나 주의력에 의존하고 있죠. 이는 매우 취약한 구조일 뿐 아니라 무책임한 것이기도 합니다.

"안심하고 잊어도 괜찮아요, 팀이 지키고 있으니까."

이것이 이상적입니다.

주1회 정도 팀원 전체가 모여 사고를 확인하는 회의를 실시합니다. 이는 팀원들에게 '도와달라!'는 요청을 이끌어내는 자리로서도 효과적입니다. 팀원 각자가 끌어안고 있는 업무상의 과제나 문제도 엄연한 '사고'입니다. 각자의 업무 진행 상황을 확인하면서 사고도 보고하도록 합시다.

신고된 사고는 관리 대장에 등록하고, 팀원 전체가 어떻게 대처할지를 협의합니다.

"이런 종류의 조정 업무는 H 씨가 잘하죠. H 씨, J 씨를 도와줄래요?"

"나도 같은 문제를 작년에 겪었어요. 그때 어떻게 처리했는지 메모해놓았으니 다음에 찾아줄게요!"

"R 씨가 붙잡고 있어서 제자리걸음이라고…… 흠, 그렇다면 내가 R 씨에게 말해볼게요."

이렇게 하면 팀원들은 팀을 신뢰하게 됩니다. 그리고 자발적으로 '도와달라'고 말할 수 있게 됩니다.

아, 중요한 포인트 하나. 관리자는 사고를 보고한 팀원에게 고마움을 표해주세요. '왜 보고하지 않았지!' 하는 질책은 팀원의 입을 막아버립니다. '빨리 보고해줘서 고마워'로 바꿔 표현하는 겁니다.

전략적 회피

"아, 마침 잘 왔어. 좀 부탁하고 싶은 일이 있는데……."

부하 직원이나 팀원이 바로 눈앞에 있으면 자꾸 갑작스러운 일을 부탁하게 마련입니다. 그리고 눈앞에서 상대의 부탁을 거절하기는 매우 힘들죠. 하지만 대부분이 우선도가 높지 않거나 하지 않아도 되는 일이 있을지 모릅니다.

116쪽 그림을 보세요. '끼어든' 일을 처리하면서 본래 업무를 하는 경우와 본래 업무에만 집중한 경우의 차이입니다.

도중에 끼어든 일을 처리한 후 곧바로 본래 업무에 착수할 수 있는 사람은 별로 없을 겁니다. 그때마다 기분을 전환하거나 되돌아가기 위한(그때까지 작업하던 파일을 찾거나 본래 작업을 시작할 준비를 하거나 어디까지 했는지 재확인하는) 시간이 발생합니다. 이는 다시 말해 '끼어들기'가 많으면 많을수록 본래 업무에 소요되는 시간이 늘어난다는 뜻입니다. 그러므로 가능한 한 필요하지도 급하지도 않은 '끼어들기'를 줄여야 합니다. 그러려면 피하는 것도 중요합니다. 방법은 다음 세 가지입니다.

'끼어들기'가 있는 풍경과 없는 풍경

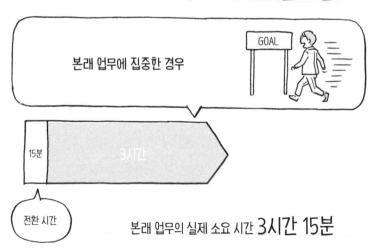

본래 업무(3시간 소요) 중에 '끼어들기'(1시간 소요)가 두 번 발생한 경우

끼어들기

끼어들기

15분 1시간 · 15분 1시간 · 15분 1시간 · 15분 1시간 · 15분 1시간

전환 시간 · 전환 시간 · 전환 시간 · 전환 시간 · 전환 시간

본래 업무의 실제 소요 시간 **3시간 45분**

본래 업무에 집중한 경우

15분 3시간

전환 시간

본래 업무의 실제 소요 시간 **3시간 15분**

① 재택근무

아무도 방해할 수 없는 자기 방에서 일에 집중합니다. 재택근무 제도가 있다면 적극적으로 활용합시다. 불필요한 통근, 출근을 위한 준비(화장을 하거나 옷을 차려입거나)도 생략할 수 있기 때문에 생산성도 올라갑니다.

② 산속에 칩거

산속에 칩거한다고 해서 정말 산으로 들어가는 것은 아닙니다. '회의실에 틀어박히기' '카페에서 일하기' 등 다른 사람이 말을 걸기 어려운, 자기 나름의 '산'(=작업 집중 장소)을 찾아 일하는 겁니다.

아, 그리고 아이디어를 내야 하거나 생각할 일이 있을 때는 오히려 산에 틀어박히는 편이 나을지도 모릅니다. 전화도 연결되지 않고요. 다만, 곰 같은 야생 동물과 조우하는 경우나 조난을 당할 수도 있으니 주의하세요!

③ 시차출근

이른 아침, 아무도 없는 시간에 출근하여 자신의 일을 빠르게 처리합니다. 이런 시간차 공격(?)도 시험해볼 가치가 있습니다.

아울러 대학 시절 시험을 앞둔 저는 다니던 대학교 대신에 집

☑ 때로는 은신해본다

근처 대학의 도서관에 틀어박혀 공부를 했습니다. 덕분에 친구들의 '끼어들기'(잡담, 놀이나 술자리의 유혹)를 받지 않고 공부에 집중할 수 있었습니다.

네, '재택근무를 허용하면 부하 직원이나 팀원이 게으름을 피울지도 모른다'고요? 그럴 가능성이 있는 사람에게는 재택근무에서 제외하면 됩니다. 재택근무 쪽이 훨씬 능률적인 사람도 있으니, 그런 사람에게는 재택근무를 허용하는 것이 생산성과 의욕이 올라갈 것입니다.

팀원의 특성을 이해하고, 팀원의 생산성을 높일 환경을 정비한다, 이 또한 관리자나 리더가 해야 할 중요한 일입니다.

공백을 만들어서 계획을 세운다

여기서 공백이란 여유 시간을 말합니다. 계획을 세울 때, 미리 공백 시간을 설정해둡시다. 변동 상황이나 추가나 재작업, 담당자의 갑작스런 휴가 등에 대비하기 위해서입니다.

공백은 예상 소요 시간의 10~20퍼센트가 적당하다고 합니다.

· **3시간에 끝날 일이라면 완료 예정 시각을 3시간 30분 후로 한다**

(공백 = 30분)

- 1주일(5일 근무)에 끝날 일이라면 완료 예정일을 1주일과 1일 후로 한다

(공백 = 1일)

- 1개월(20일 근무)에 끝날 일이라면 완료 예정일을 1개월과 2일 후로 한다

(공백 = 2일)

일이 빨리 끝나면 공백은 재검토 등 품질을 확인하는 시간으로 사용하면 됩니다.

'공백은 염두에 두었는가?'

계획을 세우는 쪽, 세우도록 지시하는 쪽 모두 지적하도록 합시다.

커뮤니케이션의 '기회'를 만든다

팀 내의 커뮤니케이션, 이는 무엇보다도 중요합니다.

- 팀원들끼리 서로 어떤 고민이 있는지를 알고, 도와줄 수 있도록 한다

- 상사나 선배의 방식을 알아내서 배운다

- 팀 내나 사내에 경험이나 지식 여부를 파악한다(없으면 외부에 의지한다)

이를 위한 커뮤니케이션의 '기회'를 만듭시다. 이는 이미 4장에서도 다뤘습니다만, 중요한 문제이기 때문에 다시 한 번 다루었습니다. 사람은…….

- 갑자기 끼어든 눈앞의 업무에 집중하게 마련이다
- 본래 일이 더 중요해도 눈앞의 업무에 집중하느라 쉽게 잊어버린다
- 본인 입으로 '도와달라'고 말하기 어렵다

왜냐하면 인간이니까.

인간이기에 갖는 약점은, 조직의 구조를 통해 너그럽게 보완하도록 합시다.

☑ 공백을 설정한다

단, 공백을 지나치게 비워두는 것은 주의하자!

긴급도는 낮고, 중요도는 높은 일을 소홀히 하지 마라

어느 직장에서나 '우선도를 정하여 처리하자'고 입이 닳도록 말합니다. 지금까지 사고 처리 방식을 몇 가지 소개했습니다만, 정통적인 방법으로 긴급도와 중요도에 따라 우선도를 판단하는 매트릭스가 자주 사용됩니다.

우선도 = 긴급도 × 중요도

긴급도와 중요도를 각각 2~3단계로 평가하고, 그 곱셈으로 우선도를 자동 판정하는 방식입니다. 긴급도, 중요도 점수는 사전에 팀에서 정의해둡니다.

예

· 긴급도   3 = 즉시 처리 필수

☑ 우선도 판정 매트릭스

우선도 = 긴급도 ✕ 중요도

		중요도		
		고 3	중 2	저 1
긴급도	고 3	9	6	3
	중 2	6	4	2
	저 1	3	2	1

우선도가 자동 판정된다

※ 중요도와 긴급도 점수를 미리 정의해두면
   우선도를 용이하게 판단할 수 있다.

2 = 당일 처리 필수

1 = 이튿날 이후에 해도 문제없음

· 중요도 : 사외에서 관계하는 것 / 임원의 요청 = 3

이렇게 해두면 우선도는 거의 자동적으로 판정되므로, 고민하는 시간이 단축됩니다. 이 방식에 따르면 우선도는 126쪽 그림의 4사분면으로 분류됩니다.

'망각'과 '누락'을 하지 않도록 가장 주의해야 할 사분면은 어떤 것입니까?

정답은 제3사분면입니다. 다시 말해 '긴급도 : 낮음, 중요도 : 높음'의 사고 그룹입니다.

"어, 방치해서는 안 되는 것은 제1사분면의 사고가 아닌가요?"

그것도 일리가 있는 말이지만, 잘 생각해보십시오. 긴급도와 중요도 모두 높은 사고, 예를 들면 '당장 복구가 필요

☑ 우선도의 4사분면

		중요도	
		높음	낮음
긴급도	높음	제1사분면 이곳은 가만히 있어도 모두 자연스럽게 빨리 처리한다	제2사분면 제1사분면의 일이 처리되는 대로 모두 자연스럽게 임한다
	낮음	제3사분면 잊기 쉽다, 하지만 누락되면 큰 문제!	제4사분면 잊기 쉽지만 별로 문제되지 않는다, 최악의 경우 하지 않아도 된다

알아채지 못하고 넘어가기 쉽다!

제3사분면 사고의 긴급도는 시간이 흐르면서 낮음에서 높음으로 변화하니, 정기적인 사고 관리 대장의 갱신과 팀 내 공유가 중요하다!

한 중요 시스템의 문제 처리'는 굳이 말하지 않아도 앞장서서 우선 처리합니다. 영향이 큰 사고는 의식하기 쉽고, 팀원 모두 서로 걱정하고 있을 테니까요.

이어서 제2사분면, '긴급도 : 높음, 중요도 : 낮음'의 사고입니다. 예를 들면 '새로 입사한 경력사원에게 사원증을 발행한다'도 팀원의 의식에 남기 쉽고, 쉬이 잊히지 않습니다.

제4사분면을 살펴볼까요? 긴급도와 중요도 모두 낮은 사고는 잊어도 크게 문제되지 않습니다. 의뢰한 쪽도 잊어버리고 있을 수 있죠.

하지만 제3사분면을 보세요. '긴급도 : 낮음, 중요도 : 높음', 이것이 가장 까다롭습니다. 긴급하지는 않지만 언젠가 하지 않으면 큰 문제가 될 수 있는데, 예를 들면 '임원의 긴급하지 않은 요청'입니다.

"다음부터는 월례 보고서에 수치뿐 아니라 고객의 의견도 포함시켜 주세요."

지금 당장 할 필요는 없지만, 다음 달 보고 때까지는 준비해야만 합니다. 이런 종류의 사고는 긴급도가 낮기 때문에 무심코 뒤로 미뤘다가 잊어버리기 십상이에요. 그러다가 다음 달 보고 직전에 '큰일 났다'며 당황하는 일이 생길수 있습니다…….

이제 아셨겠죠. 긴급도는 살아 있는 생물과도 같습니다. 특히 제3사분면 사고의 경우, 발생 시점에서는 '긴급도 : 낮음'이라도 시간이 흐르면서 높음으로 변합니다.

사고는 그저 관리 대장에 기록하는 것만으로 끝내서는 안 됩니다. 정기적으로, 예를 들면 주1회 정도라도 상관없으니 사고 회의를 열어 팀 내에서 확인하도록 합시다. '망각' '누락'을 하는 일이 없도록 방지하는 효과는 물론, 이러한 긍정적인 이야기도 들리게 됩니다.

- **자기 혼자 고민하지 않아도 된다**
- **누가 어떤 일을 하고 있는지 알게 된다**

의견을 말하지 않는다

"우리 직원들은 모두 내성적이라서 의견을 말하라고 해도 아무도 적극적으로 발언하지 않아요. 아니면 생각하는 능력이 없는 것인지⋯⋯."

이런 말을 하는 경영자나 관리자가 있습니다. 안심하십시오. 모두 분명히 생각하고, 의견을 말하고 있답니다. 당신이 없는 곳에서는!

어쩌면 신뢰 관계의 문제일 수도 있죠. 흥미로운 두 가지 데이터를 소개하겠습니다. 어느 기업에서 2016년에 실시한 사내 설문 조사의 결과입니다.

전체 부서장에게 '부하 직원과의 관계를 잘 쌓아나가고 있는가' 하고 질문했는데, 95퍼센트(20명 중 19명)가 '예'라고 답했습니다. 이에 따르면 상사와 부하 직원의 관계는 나쁘지 않은 것 같습니다.

⋯⋯하지만 132쪽 그림을 봐주십시오. 부하 직원에게 같은 질문(＝상사와의 관계를 쌓아나가고 있는가)을 한 결과입니다. '예'라고 답한 이는 약 62퍼센트(127명 중 79명), 나머지 약 38퍼센트(48명)는 '아니요'라고 답했습니다. 즉 상사를 신뢰하고 있지 않은 것입

부서장에 대한 설문 조사

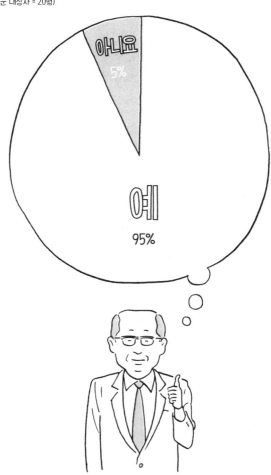

일반 사원에 대한 설문 조사

 당신은 상사와의 관계를 쌓아나가고 있다고 생각합니까?

(설문 대상자 = 127명)

니다.

이 놀라운 의식의 차이, 설마 부서장만의 짝사랑인가요!

관리자 여러분, 안타깝지만 부하 직원은 당신이 생각하는 것만큼 당신을 신뢰하고 있지 않을지도 모릅니다. 일단은 이 현실을 직시합시다. 회피하면 안 됩니다!

이 차이는 어째서 생겨나는 걸까요?

아울러 의견을 말하지 않는 조직 풍토는 어떻게 만들어지는 걸까요?

의견을 말하지 않는 사람들은 이렇게 생겨난다

여기에도 여러 가지 요인이 얽혀 있습니다.

① 의견을 말하는 의미가 없다

모두가 의견을 말하지 않는 가장 큰 이유는 바로 이것입니다!

"굳이 의견을 말해도 의미가 없다."

여기에서의 의미는 '삶의 의미' '일하는 의미' 등과 같은 의미

✅ 의견을 말하지 않는 사람들은 이렇게 생겨난다

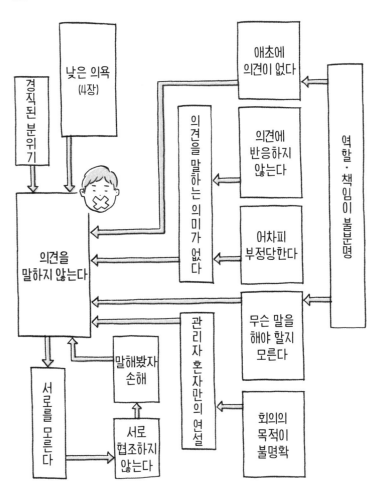

를 말합니다.

다시 앞서 소개한 회사의 사원 설문 조사에서 다른 질문의 결과를 볼까요? 사원에게 단도직입적으로 '부하 직원이 의견을 말하지 않는 이유'에 대해서 물었습니다.

'항상 부정당해서'가 당당히 1위에 올랐습니다. 2위는 '의견을 듣기는 하지만 실행에 옮기지 않아서', 이어서 4위는 '들어주지 않는다(서로 의견을 주고받지 않는다)'였습니다.

이래서는 굳이 의견을 말할 이유가 없겠죠.

저는 지금까지 30곳이 넘는 기업들과 일해보았습니다만 확실히 이 조사 결과처럼 사원들이 좀처럼 자신의 의견을 말하지 않는 직장에는 공통적으로 '어차피 말해봤자……'라고 체념하는 분위기가 감돌고 있습니다.

② 관리자 혼자만의 연설

"팀원의 의견을 들을 수 있는 기회가 없다. 그것이 문제다."

의식이 있는 관리자 중에는 신경 쓰지 못했던 자신을 반성하며 팀원들과 의견을 주고받을 수 있는 기회를 마련하는 이도 있습니다. 하지만…… 뚜껑을 열어보면 관리자 혼자서만 떠드는데, 끊임없이 자신의 생각과 의견을 말하기 바쁘죠.

부하 직원이 의견을 말하지 않는 이유

Q 편하게 의견을 말하지 못하는 이유는 무엇입니까?
해당하는 항목을 세 가지 선택해주십시오.

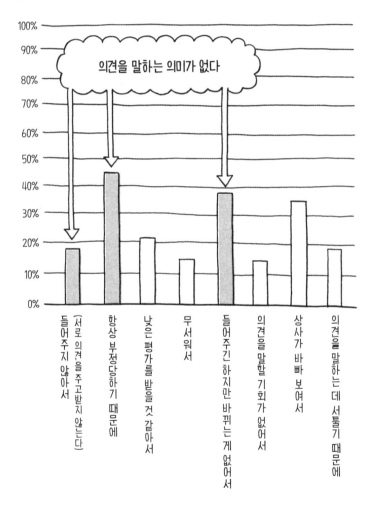

의견을 말하는 의미가 없다

- 들어주지 않아서
- (서로 의견을 주고받지 않는다)
- 항상 부정당하기 때문에
- 낮은 평가를 받을 것 같아서
- 무서워서
- 들어주긴 하지만 바뀌는 게 없어서
- 의견을 말할 기회가 없어서
- 상사가 바빠 보여서
- 의견을 말하는 데 서툴기 때문에

"흠흠, 상당히 의미 있는 자리였어. 만족스럽군."

↑

'당신만 그렇지!' (팀원들의 속내.)

③ 경직된 분위기

"나만 떠들었군. 이러면 안 되지. 다음에는 팀원들이 말하도록 해야지……."

상황을 깨달은 관리자. 다음 미팅에서는 자신은 발언을 삼가고, 팀원들의 의견을 들으려고 결심합니다. 그러나…….

"그래서 모두의 의견을 듣고 싶은데, 저마다 의견이 있겠지? 어떤 의견이든 좋으니까 편하게 얘기해봐. 어서!"

저기, 좀 무서운데요. 그런 식으로는 모두 부담 없이 발언하기 어려울 듯합니다만…….

④ 무슨 말을 해야 할지 모른다

"갑자기 의견을 말하라니요……."

뒷걸음질 치는 팀원. 갑자기 의견을 말하라는 요구에 무슨 말을 해야 할지 모른다. 생각도 안 해봤다, 그래서 할 말이 없다, 이런 경우도 있습니다.

"설마 의견을 말하라고 할 거라 생각도 못 했습니다."

"게다가 솔직하게 의견을 말해도 괜찮습니까?"

"음, 어떤 입장에서 의견을 말하면 되나요(저는 어차피 아르바이트에 불과한데요)?"

팀원이 상사가 자신에게 무엇을 기대하고 있는지 모르는데, 이래서는 의견을 말하려야 말할 수 없겠죠.

4장에서도 언급했던 낮은 의욕은, 여기에서도 나쁜 영향을 미칩니다. 일하는 의미가 없는 직장이기 때문에 신뢰하지 않는 사람들에게 굳이 일부러 의견이나 제안을 말하려 하지 않습니다.

"우리 회사에는 '말해봤자 손해'라는 말이 있어. 불필요한 제안

을 하면 그 사람이 그 일을 해야 되기 때문에 차라리 입 다물고 가
만히 있는 편이 나아."

이는 예전에 제가 일하던 곳(심지어 두 군데)에서 실제로 들은
말입니다. 저는 당시에도 이것저것 개선하고 싶어서 '기회'라고
생각되면 거리낌 없이 제안하고, 원하는 대로 바꾸고자 노력했습
니다. 하지만 세상에는 저 같은 사람만 있는 것이 아닙니다.

"나에게 그런 능력은 없지만, 개선되었으면 좋겠어."
"바빠서 내가 직접 나서기는 힘들지만, 누군가 해결해주면 좋겠
는데."

이런 사람들이 대다수일 겁니다.
앞장서서 무언가를 하는 것이 서툰 팀원들. 의견이나 제안을
마음속에 꼭꼭 담아놓은 채 오늘도 아무런 의견이 없는 척하고
있을지도 모릅니다. 얼마나 안타까운 일인가요!
의견을 활발하게 주고받는 직장으로 바꾸고 싶다면, 이를 위해
관리자가 의식해야 할(혹은 팀원이 말해주길 바라는) 점이 두 가지
있습니다.

- 의견을 말하기 쉬운 분위기를 조성한다
- 의견을 말하는 '의미'를 만든다

의견을 말하기 쉬운 분위기를 조성하는 네 가지 포인트

의견을 말하기 쉬운 분위기를 조성하려면 어떻게 해야 할까요? 포인트는 다음 네 가지입니다.

일단 역할과 책임을 명확하게

팀원의 역할과 책임이 명확하지 않다, 이는 3장에서도 다루었습니다.

- 나는 무엇을 해야 하는가?
- 내게 무엇을 기대하고 있는가?

이를 모르는데 어떻게 의견을 말할 수 있을까요. (이런 상황에서 갑자기 상사가 '고객 시점에서 생각하라'고 합니다. 그리고 팀원은 더욱 혼란에 빠지죠.)

✓ 의견을 활발하게 주고받는 직장으로 만들기 위한 두 가지 접근

모두가 의견을 말하는 직장

의견을 말하기 쉬운
분위기를 조성한다

의견을 말하는
'의미'를 만든다

- 일단 역할과 책임을 명확하게
- 의견을 말할 수 있는 구조를 만든다
- 전략적으로 자리를 비운다
- 오프타임 커뮤니케이션

- (다시) 사고 관리를 한다
- 제안자와 실행자를 나눈다

평소부터 각각의 팀원에게 본인의 역할과 책임이 무엇인지, 어떤 기대를 받고 있는지 명확히 전달합니다.

- 어떤 시점에서 문제의식을 가져야 하는가?
- 의견이나 제안을 할 권리가 있는가?

이를 깨닫는 것이 매우 중요합니다.

의견을 말할 수 있는 구조를 만든다

회의에서 갑자기 의견을 말하라고 하면 팀원들은 큰 부담을 느끼게 됩니다. 즉흥적으로 답할 수밖에요! 마음의 준비가 되어 있지 않은 상태에서는 당연히 좋은 의견을 내기 어렵습니다. 다시 말해 의견의 질이 떨어져 버립니다.

- 의견을 요구하는 이유를 사전에 주지시킨다
- 포맷을 전달하여 어떤 시점에서, 어떤 의견을 내면 좋은지 팀원이 상상하기 쉽도록 한다(구체적으로 예를 들어!)
- 주제와 관련된 참고 기사를 배포하고, 읽어두도록 한다
- 진행자를 정해둔다

좋은 의견을 원한다면 구조(환경)를 정비해야 합니다.

전략적으로 자리를 비운다

"왜 팀원들은 의견을 말하지 않는가?"

그건 바로 당신이 그 자리에 있기 때문인지도 모릅니다! 관리자의 영향력이 너무 커서(지나치게 위압적?) 두려운 마음에 아무도 입을 열려고 하지 않습니다. 본심을 말하지 않는 거죠. 왜냐하면 인간이니까.
　여기에서 한 가지, 관리자인 당신이 용기 있게 의견 교환의 자리를 떠나봅시다.

- 팀원끼리만 의견을 주고받을 수 있도록 하고, 나중에 제시된 의견을 팀원에게 보고 받는다
- 외부인이 진행하도록 하고, 그 진행자가 관리자에게 보고하도록 한다

이렇게 하는 편이 솔직한 의견과 본심을 쉽게 끌어낼 수 있습니다.

오프라인 커뮤니케이션

무엇보다도 오프 커뮤니케이션이 중요합니다. 회의 장소에서는 본심을 쉽게 이야기하기 어려운 법입니다. 4장을 다시 읽고, 사무실에서 할 수 있는 커뮤니케이션 활성화 대책을 시행해주십시오.

의견을 말하는 '의미'를 만들려면

의견이나 아이디어를 제시하여 실행으로 연결한다. 이를 위해 먼저 필요한 세 가지가 있습니다. '듣기 → 쓰기 → 생각해내기'입니다. 이 세 가지를 실행하는 데에는 5장에서 나온 관리 방법이 효과적입니다.

(다시) 사고 관리를 한다

5장에서는 갑작스러운 주문, 문제, 클레임, 문의 등 '끼어들기'를 '사고'로서 관리 대장에 기록하고, 팀원 전체가 정기적으로 확인하여 대책을 논의하자고 했습니다. 팀원의 의견이나 개선 제안도 '사고'로 인식할 수 있습니다.

- 사고 확인 회의(주1회 등 정기적으로) 자리에서 : 팀원들의 의견을 듣는다
- 사고 관리 대장에 : 제시된 의견을 쓴다
- 사고 확인 회의 자리에서 : 팀원들과 함께 실행책을 생각해낸다

사고 관리의 흐름 속에서 의견을 '듣기 → 쓰기 → 생각해내기'를 실행할 수 있습니다.

그중에서도 중요한 것이 '쓰기'입니다. 생각해보십시오. 모처럼 제안했는데, '흠' '아, 그래' '알았어'라는 말만 하고 방치되어 버린다면 너무나 안타까운 일 아닌가요?

사고 관리 대장에 기록한 후 확인 회의에서 팀 전원이 논의하도록 하면 그 의견이나 제안은 방치되지 않습니다. 팀 공통의 '기록 → 대책 검토 → 정상 관리'의 흐름에 따라 움직이면 팀원들의 의견이나 제안은 확실히 검토되고, 팀원은 관리자와 조직을 더욱 신뢰하게 됩니다.

제안자와 실행자를 나눈다

'말해봤자 손해'라는 문화를 없애야 합니다. 그러려면 '의견을 말한 사람이 그 일을 하게 되는' 구조를 바꿀 수밖에 없습니다. 즉, 제안자와 실행자를 분리하는 것이 중요합니다.

개선 제안을 접수한다(사고 관리 대장에 기록한다)

→ 일단 관리자가 맡는다

→ 실행 희망자를 모집한다 / 누가 실행할지 관리자가 결정한다 / 팀 외의 제 삼자(외주 등)에게 실행을 의뢰한다

　이렇게 하는 것만으로도 '말해봤자 손해'라는 분위기는 조금씩 바뀔 것입니다. 우선은 '말해도 괜찮겠지?'라는 정도로 바꾸면 어떨까요?

전문가가 없다

SECTION 07

어느 깊고 깊은 산속에 작은 마을이 있었습니다.

마을의 나무꾼들은 모두 성실한 일꾼들이었습니다. 매일 하루도 빠짐없이 아침부터 밤까지 삼나무를 베었지요.

어린 이안도 그중 한 사람이었어요. 아버지의 일을 돕기 위해 매일 산으로 들어가 아름드리나무 밑동에 묵묵히 낡은 도끼를 휘둘렀습니다.

"후유, 이런 작은 도끼로는 어림도 없겠어. 게다가 나는 힘도 약하니. 하지만 투덜거려봤자 소용없지. 열심히 하는 수밖에."

이안은 땀을 닦아내며 작업을 계속합니다.

그런데 그곳에 체격이 건장한 한 남자가 나타났습니다. 마을에서는 본 적이 없는 얼굴입니다. 그는 이안의 도끼보다 두 배나 크고 번쩍거리는 도끼를 갖고 있었습니다.

비틀거리며 나무를 베는 이안. 그 모습을 보다 못한 남자가 부드럽게 말을 겁니다.

"얘야, 그렇게 작은 도끼로는 아무리 휘둘러도 나무를 베지 못해. 손바닥을 내밀어보렴. 온통 물집이 잡혀 있구나. 아저씨가 이 도끼로 나무를 베어주지."

그러나 이안은 그 자리에서 꼼짝도 하지 않습니다.

"안 돼요. 아버지와 마을 사람들이 나무는 자기 힘으로 베어야 한다고 말했어요. 게다가……."

고개를 숙이는 이안. 어쩔 줄 몰라 하며 남자의 눈을 피합니다.

"……모르는 사람과는 말하지 말라고 했어요."

이안은 나무 밑동을 바라보며 중얼거립니다.

"그렇군. 그렇다면 이 도끼를 주마. 이 도끼라면 네 힘으로도 쉽게 나무를 벨 수 있을 게야."

남자가 이안에게 도끼를 내미는데 등 뒤에서 쉰 목소리가 들렸습니다.

"안 돼."

뒤돌아보니 꼬장꼬장하게 생긴 백발노인이 서 있었습니다.

"자, 장로님!"

"이 마을에서는 조상 대대로 전해 내려온 그 작은 도끼로 나무를 베는 것이 전통이야. 게다가 이곳의 삼나무는 다른 삼나무와는 달리 독특하지. 다른 도끼로는 벨 수 없어. 그러니 외부인은 당장 떠나게!"

이렇게 해서 남자는 마을에서 쫓겨났다고 합니다.

일이 생각처럼 진행되지 않거나 끝나지 않는 배경 중 하나로 전문가의 부재를 들 수 있습니다. 요컨대 프로가 없다는 것! 없다면 외부에서 데려오면 될 텐데 그렇게 하지 않는 거죠. 여기에는 전통적인 의지, 근성론과 미덕 등이 뒤얽혀 있는데, 이 또한 상황을 복잡하게 만듭니다. 오른쪽의 상세 지도를 살펴봅시다.

기업의 나쁜 점을 응축시켜 놓은 듯한 그림, 만만치 않아 보이지만 천 리 길도 한 걸음부터라고 했으니 원인을 분석해봅시다.

자기들끼리 해결하려 한다

가장 큰 원인은 바로 이것입니다. 어떻게든 자기들끼리 해결해 보려고 노력한다, 어떻게든 될 거라고 생각한다, 아니, 아니, 아

☑ 팀에 전문가가 없는 이유

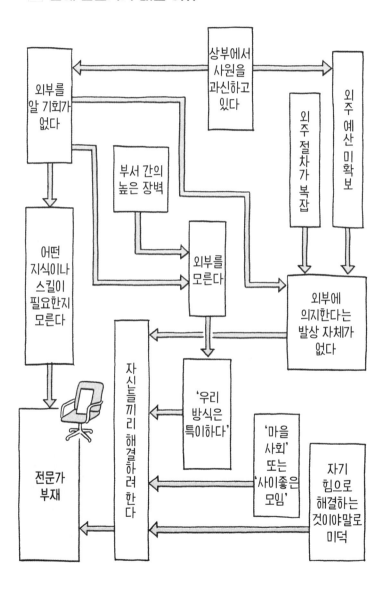

무리 머리를 쥐어짜도, 끈질기게 붙들고 있어도 없는 것(지식·스킬)은 없다니까요.

그리고 오늘도 사이좋게 팀원 모두 밤늦게까지 야근을 합니다. 그렇게까지 해도 기한 내에 일을 마치지 못하고, 최악의 경우에는 도중에 '포기'해버립니다. 뭐 하나 득이 되지 않는데, 그럼에도 자기들끼리 해결하려고 노력하는데, 그 배경에는 네 가지 문화와 습관이 존재합니다.

자기 힘으로 해결하는 것이야말로 미덕

'홀로 노력하여 흘린 땀은 아름답다.'
'타인의 힘을 빌리는 것은 패배나 다름없다.'

그런 패기만만했던 젊은 시절의 자존심이 뿌리 깊게 자리하고 있습니다. 아, 물론 홀로 노력하는 것도 중요하죠. 그 경험을 통해 '자사에 노하우를 저축한다' '핵심 가치를 강화한다' '팀의 결속을 높인다'는 전략적 의도가 있다면 말입니다. 그러나 모든 일을 자기들끼리만 해결하려 하고, 그러다가 실패만 한다면 어떨까요? 고교 시절의 학교 축제라면 미담으로 끝날 수도 있겠지만, 회사는 학교 축제가 아닙니다.

'자기 힘으로 해결하는 것이야말로 미덕.'

이러한 가치관이 강한 직장에는 때때로 기묘한 연대 의식이 생기기 시작합니다.

'우리가 옳다. 외부인이 틀렸다.'

결국에는 이런 편향된 신념을 갖게 됩니다. 어쩌다 중도 입사한 사원이 그 속에 끼게 되면 어울리지 못한 채(혹은 스스로 위험을 느끼고) 재빨리 철수하죠. '마을 사회' '사이좋은 모임'이 형성됩니다.

대기업(에 한정되지 않습니다만) 병이라 할 수 있는 익숙한 문장입니다. 지금의 방식을 바꾸고 싶지 않은 속내를 정당화하는 변명이죠.

'특이하니까.'

이 한마디로 자신들을 바깥세상과 차단합니다. 자신들의 방식은 특이하다는 생각을 더욱 고수하게 됩니다.

외부에 의지한다는 발상 자체가 없다

이러한 미덕, 자존심, 믿음(정당화)이 조직에 정착하면 '외부인에게 의지하자'는 발상 자체가 완전히 사라집니다.

어떤 지식과 스킬이 필요한지 모른다

전문가의 유무를 떠나 먼저 '그 일을 성공시키려면 어떤 지식이 필요한가?' '그 일을 원활하게 진행하려면 어떤 스킬이 필요한가'를 모르는 경우도 있습니다. 예를 들어 사무직 현장에서……

"와아, 엑셀로 그래프를 작성할 수 있어요(지금까지 워드로 그래왔다)?"
"액세스라는 게 있네요(지금까지 엑셀로 번거롭게 집계해왔다)!"

이런 말들이 나오기도 하죠. 이래서는 '액세스의 달인(전문가)을 불러 작업을 효율화하자!'는 발상 자체를 하기가 힘들겠죠.

☑ 자기들끼리 해결하려고 하는 이유

'자네들이라면 할 수 있어!'
– 상사의 사원에 대한 과신

"자네들이라면 할 수 있어!"
"우리 직원들은 마음만 믹으면 뭐든 할 수 있어."

사원에 대한 사랑도 아니고 경영자의 입장에서만 편리하게 생각하는 것도 아닌 이 같은 방침, 이것이 화를 부릅니다.

- 사원에게 외부를 알 기회가 주어지지 않는다(외부 연수를 수강할 예산이 없다, 출장 예산이 없다 등)
- 외주한다는 발상이 없다 / 외주 절차가 번잡하다(혹은 아무도 모른다)

이와 같은 일종의 쇄국鎖國이 일어납니다.

외부를 알기 위한 구조를 만든다

전문가 부재에 대한 가장 확실한 처방전은…… '개국開國'밖에 없습니다.

- 외부 강연회를 들으러 간다
- 동업종 타사와의 스터디 모임에 참가한다
- 외부 연수를 수강한다
- 강사를 초빙한다

방식은 다양합니다만, 팀원의 자주성에 맡겨버리면 변화를 기대하기가 어렵습니다.

- 팀원 전원을 대상으로 매년 5일간의 외부 연수 수강을 의무화한다
- 흥미가 있는 주제를 선택해서 매월 스터디 모임에 참가한다
- 팀에서 정보지를 정기 구독한다(매월 반드시 배송된다)
- 팀에서 매월 여러 권의 비즈니스 서적을 구입하여 읽도록 한다

이러한 제도나 규칙을 통해 반강제적으로 외부를 알기 위한 구조를 만들지 않으면 개국은 좀처럼 실현되지 않습니다.

외부가 아니더라도 사내 타 부서에 원하는 정보나 노하우가 있을지 모릅니다.

- 타 부서와 함께 스터디 모임을 정기적으로 진행한다
- 타 부서의 이벤트에 참가한다

이러한 활동도 의미가 있습니다.

- **역시 스스로 노력해서 공부한다**(지식·스킬을 내제화한다)
- **외부 전문가에 의존한다**(외주를 맡긴다)

외부를 알고 난 후에 판단하도록 합시다. 어차피 해야 할 일이라면 의미 있는 땀을 흘려야 하지 않을까요?

외부에 맡기면 '속인화' '자기만족'을 배제할 수 있다

'서툰 작업은 외부 전문가에게 맡긴다', 이것이 효율 면에서나 품질 면에서(혹은 비용 면에서도) 최선의 해결책입니다. 뿐만 아니라 외주화를 하면 다음 두 가지의 이점도 있습니다.

- ① 속인화의 배제
- ② 자기만족의 배제

양쪽 모두 많은 조직을 괴롭히고 있는 문제입니다. 구체적으로 예를 들어봅시다.

제가 지원하고 있는, 어느 기업의 홍보부에서 있었던 일입니다. 홍보부에서는 사보 제작도 맡고 있죠. 그동안 홍보부 직원이 담당해오던 사보 제작을 그룹 관리자가 바뀌면서 업무의 대부분을 외주로 전환했습니다. 사보 작업은 특정인이 오래 담당하기 쉬워서 저는 이 회사 외에도 '사보 업무만 10년, 20년'인 사람을 여러 명 알고 있습니다. 그로 인한 '업무가 속인화(기업에서 어떤 업무를 특정인이 담당하고, 그 사람밖에 방법을 모르는 상태가 되는 것을 의미 - 옮긴이) 된다' '콘텐츠가 매너리즘화한다' '품질이 담보되지 않는다'는 상황을 타파하기 위해 그룹 관리자는 외주를 단행했다고 합니다.

한 사람이 계속 같은 업무를 담당하다 보면 자기만족에 빠지기 쉽습니다. 외부와의 접점이 없으면 더욱 그렇습니다.

- **지금의 방식이 정말 옳은가?**
- **시대에 맞는가?**

이런 점들이 보이지 않게 됩니다.

외주화함으로써 속인화를 막고, 품질도 높일 수 있으며, 나아가 담당 사원이 바뀌어도 일정한 품질을 유지할 수 있는 방식으로 바꿀 수 있습니다. 또한 외부의 공기를 불어넣으면 사원은 적당한 긴장감과 자극을 받게 됩니다.

'다움'은 중요, 하지만……

"그렇기는 하지만 자사'다움'이라는 것이 있지 않습니까? 외부에만 의지하는 것은 아무래도 좀……."

네, 맞는 말씀입니다. 기업에게 자사의 색깔을 나타내는 자사'다움'은 중요하죠. 그게 없는 기업은 일반화(진부화)되어 시장에서의 우위성을 잃습니다. 타사와의 경쟁에서 패하게 됩니다. '자사다움을 철저히 고수한다' 이는 기업 브랜드력의 원천이며, 모든 사원이 의식해서 행동해야 할 부분입니다. 그러나…….

드러내야 할 색깔이 그것입니까?

구태의연한 전례를 답습하는 직장을 보면 도저히 그냥 넘어가

기 힘들죠. 이해할 수 없는 면에서 자사의 색깔을 고수하는 경우
도 많습니다. 예를 들면······.

- 이 보고서는 반드시 워드 형식으로 작성해야 한다

  → 엑셀로 작성하는 편이 이후의 진행 관리에 더 효율적이 아닌가?

- 번역은 반드시 사내 직원이 해야 한다

  → 외주를 맡겨도 괜찮지 않은가?

- 이 데이터는 매주 월요일 아침 10시에 제출하는 것이 규칙이다

  → 10시 이후에 제출하면 무슨 문제라도 있나?

- 매월의 가동표. 반드시 도장을 찍어 제출해야 한다

  → 사인은 안 될까?

- 부서 내 월례회의, 그런데 굳이 멀리 있는 본사 회의실로 출석해야 한다

  → 전화 참석은 불가능한가?

자사 '다움'이 요구되는 부분은 어디인가?

무엇을 고수해야 하는가?

직장 단위로 논의해보길 바랍니다.

저항 세력이 있다

"방식을 바꾸라고? 말도 안 되는 소리. 현장에는 현장의 방식이 있는 거야!"

"제안 사항을 실행하게 되면 우리 일이 늘어나 버린다고요"

"새로운 시스템을 도입하라고? 아무도 사용하지 않을 겁니다. 됐습니다. 됐어요!"

뭔가 새로운 것을 시도하려고 하거나 지금까지의 방식을 바꾸려 할 때, 피할 수 없는 것이 저항 세력의 벽입니다. 관련 타 부서에서부터 자기(팀 내) 부서, 다양한 곳에서 슬금슬금 다가와 당신의 앞을 가로막습니다. 여기에서 좌절한다면 게임 오버. 지금까지의 노력이 물거품이 되고 말죠. 수단 방법을 가리지 않고 뛰어넘어 마지막까지 달려가려면 어떻게 해야 할까요?

앞길을 막는 두 개의 저항

당신의 앞길을 막는 저항은 크게 두 가지입니다.

① 현장의 저항

② 시니어층의 저항

☑ 사내에 가로놓인, 저항 세력이라는 이름의 벽

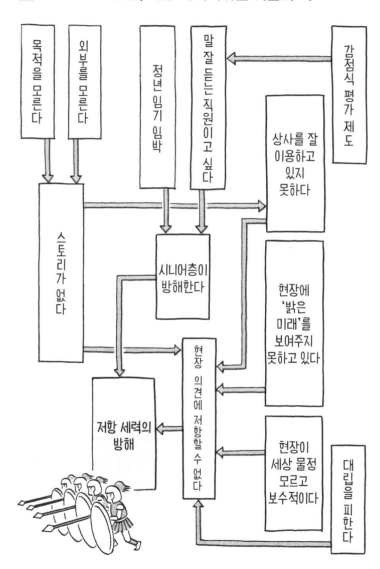

협조를 얻어내야 하는 상대(타 부서 등)의 저항, 팀원들의 저항, 아무리 열심히 설명해도 현장은 여러분의 협조 요청을 받아들이지 않습니다.

어째서 좀처럼 고개를 끄덕여주지 않는 걸까요? 대답은 간단합니다. '인간이니까요'.

'지금까지의 방식을 바꾸고 싶지 않다. 가능하면 편하게 지내고 싶다.'

사람은 누구나 그렇게 생각하게 마련입니다. 특히 직무가 거의 바뀌지 않고, 외부와의 접점이 없는 부서 사람들은 더욱 그렇습니다. 방식을 바꾸려는 제삼자를 '적'으로 간주합니다. 이는 '세상의 이치'로 생각하고 받아들이는 수밖에 없습니다.

현장의 저항보다 더욱 까다로운 것이 시니어층의 저항입니다. 사내 연장자(상사 등)의 저항입니다. '시니어'는 단순히 정의하기 어렵습니다만, 대개 40대 후반부터 50대로 보면 이해하기 쉬울 것입니다.

☑ 바꾸려는 사람은 적이다

당신은 이렇게 할 생각이겠지만…

바꿉시다!
빛나는 미래를 위해
함께 싸우는 거예요!

멋집니다!

합시다!

상대에게는 이렇게 보일 수도 있습니다

으하하하!!
나는 파괴의 신이다!

뭐야, 저거?

적이다!

왠지 성가신(하지만 객관적인 평가입니다) 시니어 세대. 기업에서는 거의 다음 두 가지 타입으로 나뉩니다.

- 혁신파 :　　호기심을 갖고, 새로운 것을 도입하려는 타입
- 보수파 :　　현 상태를 고집하며 절대 바꾸려 하지 않은 타입, 때로는 지위를 이용해서라도 변화를 거부한다

혁신파는 아무런 문제가 없습니다. 오히려 현재를 바꾸고 싶은, 업무를 효율적으로 진행하고 싶은 당신의 아군이 되어줍니다. 경험을 살려 관계 부서의 책임자나 경영진을 상대로 사전 교섭을 해주기도 합니다.

문제는 보수파, 사사건건 발목을 잡습니다. 때로는 완곡하게, 가끔은 격렬하게. 그들은 왜 그렇게까지 막아서는 걸까요?

"위험 부담은 지고 싶지 않아."
"정년이 5년밖에 안 남았어. 그때까지 무사히 지내게 해줘."

이는 옛 상사 중 한 분이 실제로 저에게 한 말입니다(속으로는 '어차피 사원을 해고하는 회사도 아니니 정년까지 5년밖에 남지 않았다면 모험을 해보는 것도 좋을 텐데……'라고 생각했었죠). 하지만 이 또한

어떤 의미에서는 어쩔 수 없는 일입니다. 무사안일을 바라는 것
도 인간이니까요.

최근에는 젊은 사원이나 중견사원 중에서도 보수파 시니어와
같은 행동을 하는 사람이 있는 듯합니다. 안타까운 일이죠.

일단 현장에 이야기하고, 그 후 상부에서 지시하도록 한다

저항 세력의 벽을 무너뜨리려면 어떻게 해야 할까요? 먼저 알
아둬야 할 것이 톱다운Top-down과 보텀업Bottom-up이라는 두 가지
접근 방식입니다.

톱다운이란 위에서 아래로 진행한다는 뜻으로 사장, 경영진,
부서장 등 위에서 아래(현장)로 지시하는 방식입니다.

'이는 회사가 반드시 추진해야 하는 일이므로 협조하도록.'

이러한 메시지를 전달하기만 해도 이후 현장의 업무 방식은
달라집니다.

한편 보텀업이란 아래에서 위로, 혹은 아래에서만 추진하는 방

☑ 조직의 발목을 잡는, 보수파 시니어의 본심

☑ 톱다운과 보텀업

식으로, 현장에서 조율하여 상부에 전달하거나 혹은 현장 차원에서 논의하여 일을 진행합니다.

톱다운만으로 진행하면 현장의 반감을 사서 결국 실패할 수 있습니다. 또한 현장이 너무 강한 조직에서는 상부의 지시가 현장까지 전달되지 않고, 공중 분해되는 경우도 있습니다. 그러므로 보텀업, 즉 현장 차원에서의 커뮤니케이션과 신뢰 관계 구축도 중요합니다. 예를 들어 제조 부서 등 상명하달의 문화가 정착된 피라미드 구조의 조직에서는 다음 순서의 접근이 효과적입니다.

① 먼저 현장에 이야기를 한다(이를 '상견례를 한다'고 표현하기도 합니다)

② 이어서 상부가 지시를 내린다('담당 임원 → 공장장 → 현장 부장' 등의 순서로)

상대를 감동시키는 스토리를 만드는 여덟 가지 포인트

톱다운과 보텀업, 어떤 방식을 택하건 중요한 것은 '스토리 만들기'입니다. 당신은 다음 여덟 가지를 설명할 수 있습니까?

① 그 일을 진행하는 목적은 무엇인가?

② 그 일을 마친 후에 어떤 미래가 기다리고 있는가?

③ 누구에게, 어떤 이점이 있는가? 상대의 이점은 무엇인가?

④ 하지 않는다면 어떤 일이 일어나는가?

⑤ 왜 지금 그것을 하는가?

⑥ 왜 당신(들)이 그것을 하는가?

⑦ 왜 상대에게 협조를 바라는가?

⑧ 상대가 어떻게 행동하길 바라는가?

상부에서 지시를 내리도록 하건, 현장 사람들에게 설명을 하건 이러한 스토리는 반드시 필요합니다. 스토리가 없으면 아무리 근사한 프레젠테이션 능력이 있더라도 무의미합니다. 프레젠테이션은 스토리를 상대에게 각인시켜 상대를 움직이게 하기 위한 도구에 불과하니까요.

가장 중요한 것은 ②입니다. 개선 후의 세계를, 변화한 후의 세계를, 밝은 미래를 상대에게 떠올리게 하는 것. 이를 상상하지 못하기 때문에 상대는 변화를 두려워하고 저항합니다.

'아무런 득이 없잖아.'

'괜히 귀찮아지는 것은 아닐까?'

'내 일이 사라져 버리는 건 아닐까?'

이른바 보이지 않는 적을 두려워하고 있는 상태입니다. 그런 상대를 정의와 논리만으로 설득하려고 해도 소용없습니다. 왜냐하면 인간이니까요. 제 업무 개선 신조 중 하나는 바로 이것입니다.

'사람은 설득하려 하면 저항한다. 그러나 납득하면 스스로 움직인다.'

내부에 답이 없다면 외부에서 찾으면 된다

스토리의 중요성도 알고, 밝은 미래를 떠올리게 하는 중요성도 알지만······.

'애당초 우리가 미래를 상상하지 못하고 있어요!'

자사나 부서 내에서 완전히 새로운 것을 시작하는 경우에는 당연히 사내에 롤 모델이나 미래상이 없습니다.

예를 들어 '여성의 관리직 등용을 촉진' '재택근무 제도를 도입' 등을 추진한다고 합시다. 지금까지 여성 관리직이 한 명도 없었다면? 재택근무는 아무도 한 적이 없다면······ 그렇다면 미래상은 그럴 수 없습니다.

그럴 때야말로 외부에 의지해야 합니다.

- 여성 관리직이 활약하고 있는 회사의 사람을 초대하여 강연을 듣는다
- 타사에서 재택근무하는 사람을 인터뷰한다
- 전문가(컨설턴트) 등에게 지원을 부탁한다

내부에 답이 없다면 외부에서 찾으면 됩니다.

인사 제도도 중요하다

보수파 시니어. 꿈쩍도 하지 않는 이 사람들을 움직이려면 인사 제도를 바꿀 수밖에 없을지도 모릅니다.

① 도전하는 사람을 높이 평가하는 인사 제도로 바꾼다
② 직무 이동을 한다

특히 ①은 중요합니다. 경영자가 '혁신, 혁신' 떠드는 것에 반해(4장) 혁신을 해도 평가받지 못하고, 가는 곳마다 방해를 받으

면 사원의 의욕은 당연히 점점 떨어질 수밖에 없습니다.

"우리 회사는 그저 말로만 '혁신'이라고 할 뿐이야"라고.

아, 그리고 마지막으로 한 가지 더. 저항 세력을 설득할 수 없는, 납득시킬 수 없는 배경에는 대립을 싫어하는 조직 문화도 영향을 미치고 있습니다.

대립을 회피한다

일을 잘하기 위해서는 대립도 필요합니다. 대립만 하는 것도 문제지만, 비바람이 전혀 불지 않는 상황은 어떨까요?

- 아무도 반대 의견을 말하지 않는다
- 관련 타 부서의 저항을 그대로 받아들인다
- 상사나 고객의 불합리한 요구에 '아니요'라고 말하지 못한다

여러분의 팀이 위의 세 가지 중 하나에 해당한다면 주의해야 합니다! 일이 좌절될 가능성이 크기 때문입니다.

"아무도 반대하지 않아서 잘 진행되고 있는 줄 알았더니 마지막 순간에 관련 부서, 혹은 팀원들이 제동을 걸었다."

이런 '밥상을 뒤엎는 듯한 대반전'이 일어나지 않도록 대립을 회피하지 않고 받아들이는 것이 중요합니다.

'무사안일주의'를 낳는 다섯 가지 원인

애초에 대립을 싫어하는 조직 문화는 어떻게 형성되는 걸까요?

한마디로 말하면 '무사안일주의'에서 비롯됩니다. 여기에는 다섯 가지 원인이 존재합니다.

① '마을 사회' 또는 '사이좋은 모임'

다시 '마을 사회'와 '사이좋은 모임'이 등장했습니다. 주위 의견에 맞추는 것이 최선이다, 조화를 깨뜨리는 행동을 해서는 안 된다, 모두 착한 사람이고 싶다, 이러한 눈에 보이지 않는 동조 압력이 작용하여 반대 의견이나 이견을 내세우지 않는 사람들을 늘려갑니다.

② 신뢰 관계가 없다

"사이좋은 모임이네. 모두 사이좋게 지내면 그만이지. 커뮤니케이션도 잘되고 있는 것 같고. 서로 신뢰 관계가 돈독한 거 아닌가?"

아니, 아니, 그렇지 않아요. 오히려 그 반대입니다. '사이좋은 모임'의 인간관계는 겉보기일 뿐입니다.

- 다른 팀원에게 미움을 받지 않도록 무난한 행동만 한다
- 분위기를 깨는 발언은 하지 않는다
- 본심을 말하지 않는다

179

☑ 대립을 싫어하는 조직 문화와 주변도

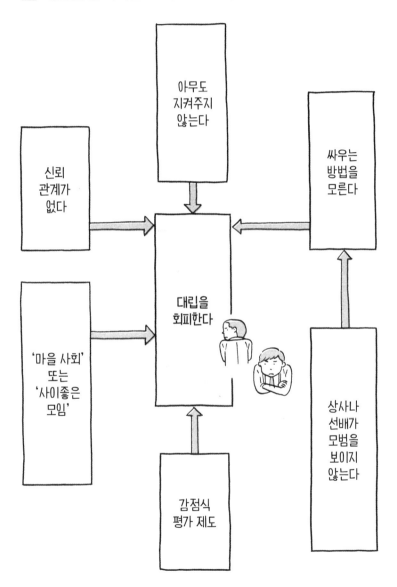

• 상대를 알고 있는 것 같지만, 사실은 모른다

이래서야 '신뢰 관계가 있다'고 할 수 있을까요? 그런 분위기에 젖어들면 그 나름대로 행복을 느낄 수도 있겠지만, 업무에서 최고의 결과를 기대하기는 어려울 것입니다.

③ 아무도 지켜주지 않는다

그렇더라도 누구나 반대 의견이나 본심을 말하고 싶을 때가 있습니다(인간이니까요). 하지만 아무도 지켜주지 않습니다! 누군가가 흥분해서 자기주장을 펼쳐도 방관하고요(상황은 더욱 악화됩니다). 아무도 도와주지 않습니다. 그리고······.

"아······ 저 사람, 관리자에게 반기를 들었어. 이제 끝장났네."

거북한 분위기가 감도는 이런 상황에서 팀원은 안심하고 대립하거나 충돌할 수 없습니다.

④ 싸우는 방법을 모른다

'요즘 아이들은 싸우는 방법을 모른다.' 최근에 자주 듣는 말입니다.

싸움을 한 적이 없다(싸움이 나기 전에 어른이 중재한다)

→ 싸우는 방법을 모른다

→ 흥분해서 이성을 잃었을 때, 상대방을 끝까지 몰아붙인다

→ 상대방에게 큰 상처를 준다

이는 요즘 회사 조직에도 해당되는 이야기입니다.

동조, 융화, 화목을 중시한다

→ 대립이나 충돌 방법을 모른다

→ 이견이나 반론을 제기할 수 없다(흥분해서 감정적으로 상대에게 상처를 주는
것이 두려워서)

 적어도 현장에서 상사나 선배가 올바른 싸움 방법을 보여주었다면 부하는 '이 정도까지는 말해도 된다' '이런 말투는 쓰지 않는 편이 좋다'는 것을 배울 수 있습니다. 하지만 그 상사도 선배도 '무사안일주의'에 빠진 사람들이어서 싸우려고 하지 않습니다…….

⑤ 감점식 평가 제도

 8장에서도 잠깐 언급했었습니다. 대립이나 충돌을 하게 되면

당신에 대한 평가가 떨어집니다.

'조화를 깨뜨리면 혼날 줄 알아!'

웬만큼 용기가 있지 않고서야(혹은 인내심이 바닥나지 않는 한) 무서워서 대립 또는 충돌은 할 수 없습니다. 이렇게 해서 오늘도 '착한 아이'가 쑥쑥 자라게 됩니다.

대립은 성공에 필요한 프로세스다
- 팀 형성의 네 단계를 이해하자

'대립은 일의 성공에 필요한 통과점이다.'

우리는 이 점을 인식해야 합니다. 팀이 형성되는 발전 과정(단계)을 나타낸 이론으로서 심리학자 브루스 W. 턱맨Bruce W. Tuckman이 고안한 '턱맨 모델'이라는 것이 있습니다. 턱맨에 따르면 팀이 결속하여 퍼포먼스를 발휘하게 되기까지는 네 단계가 있다고 합니다.

- Forming : 형성기 → 팀이 형성된 직후. 팀원끼리 잘 모른다. 왠지 모르게 어색하고, 서로 소극적으로 행동한다.
- Storming : 혼란기 → 목표에 대한 팀원 간의 견해 차, 의견 차 등이 표면화되는 시기. 서로 자기주장을 펼쳐 의견의 대립과 충돌이 일어난다.
- Norming : 통일기 → 목표를 공유하고, 팀원의 역할 인식, 행동 규범이 완성되어 간다. 협조하며 행동하게 된다.
- Performing : 기능기 → 팀이 결속되면서 목표를 향해 주체적으로 행동하고, 팀으로서 능력을 발휘하게 된다.

이 네 가지 단계를 알면 대립이나 충돌은 팀이 퍼포먼스를 발휘하는 데 반드시 필요한 과정에 불과하다는 사실을 이해할 수 있습니다. 그리고 '사이좋은 모임'은 아무리 시간이 흘러도 초기 단계(=형성기)에서 제자리걸음하는 상태라는 걸 알 수 있습니다. 그래서는 일이 제대로 진행될 리 없습니다.

대립과 충돌을 건전하게 받아들이는 것, 우선은 여기에서부터 시작해야 합니다.

☑ 팀 형성의 네 단계(턱맨 모델)

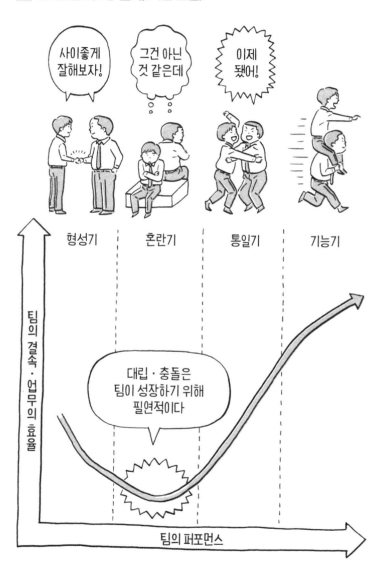

안심하고 대립할 수 있는 환경을 만드는 네 가지 포인트

여러분이 관리자의 입장이라면 팀원이 안심하고 대립과 충돌을 할 수 있는 환경을 만들어주십시오. 포인트는 다음 네 가지입니다.

반대 의견을 진지하게 받아들이고, 그것이 부정적으로 전달되지 않도록 보완한다

일의 목적을 팀 전원에게 재차 알리고, 목적을 달성하기 위해 반대 의견이 중요하다는 점을 전달합니다.

대립 의견을 적는다

복수의 대립 의견이 제시되면 관리자(혹은 진행자)는 그 의견을 화이트보드 등에 써주십시오. 말로는 감정적으로 발전하기 쉬운 대립 의견도 일단 시각 정보로 바꾸면 냉정하게 논의할 수 있게 됩니다(글로 쓰면 '옥신각신할 정도로 대단한 의견이 아니라는 사실'을 깨닫게 되기도 합니다).

중요한 의제는 회의를 통해 팀원 전체가 논의하도록 합니다.

의견을 자유롭게 제시하기 어렵다면 찬반으로 나눠 토론해보는 것도 한 방법입니다. 팀을 '긍정'과 '부정'의 두 그룹으로 나누어 각각의 그룹에서 찬성 의견, 반대 의견을 내어 토론하게 합니다.

중요한 것은 '이것은 어디까지나 게임'이라는 분위기를 조성하는 것입니다. 게임 형식을 취해서 의견을 말하기 쉽게 한다는 이점이 있습니다.

점심을 먹으면서, 퇴근 후 술집에서, 가끔은 직장을 벗어나 밖에서 차라도 마시면서 수다를 떨어봅시다. 한 시간 정도 기분 전환을 하고 나면 대부분의 일은 어떻게든 해결된답니다.

제가 실제로 겪은 일화입니다. IT 기업에 근무했던 시절, 새로운 사내 시스템의 설치에 참여했을 때입니다. 저는 유저(업무 측) 대표로 업무 요건을 제시하여 개발 팀에 전달하는 역할이었습니다. 프로젝트가 진행되면서 이견과 대립이 생겨나기 시작했습니다. 그러던 중 저는 개발 팀의 업무 진행 방식을 도저히 받아들일

SECTION
09
대립을 회피한다

수 없어 폭발하기 직전에 이르렀는데, 그때 상사(부장)가 해준 이야기를 잊을 수 없습니다.

"자네는 현장에서 개발 팀과 프로젝트를 함께 진행하는 사람일세. 여기서 자네가 이성을 잃으면 어떻게 되겠나? 화가 나면 나한테 퍼붓게. 내가 어떤 이야기든 들어줄 테니. 그리고 내가 개발 쪽 부장에게 문제를 제기할 걸세!"

그 이야기에 저는 이성을 찾았습니다. 그리고 대립과 충돌은 부장님에게 맡겼습니다. 때로는 '이 부분에서는 폭발해도 좋아, 폭발해버려!'라고 격려를 받으며, 폭발할 때도 있었습니다. 그것은 뒤에서 부장님이 개발 팀 부장과 커뮤니케이션을 취하며 저를 뒷받침해주었기 때문에 가능했던 일입니다.

부장님은 알고 있었던 것입니다. 지금부터 프로젝트는 난관에 부딪히게 될 것이라는 사실을(실제로 그랬습니다). 그런데 지금 저와 개발 팀 동료의 관계가 험악해진다면 앞으로 나타날 여러 난관들을 함께 협조하며 극복할 수 없게 되고, 프로젝트가 끝난 후의 인간관계에도 영향을 미치게 되겠죠. 덕분에 지금도 개발 팀의 프로젝트 매니저와는 가끔 술을 마시는 등 좋은 인연을 이어가고 있습니다. 그때 저를 지켜준 부장님께는 그저 감사할 따름입니다.

　서양에서는 초등학교 때부터 토론 등을 통해 의견을 주고받는
방식을 학습합니다. 그에 반해 우리는 서툴지요. 그저 상대의 의
견에 '아니요'라고 말하고 싶을 뿐인데, 때로는 상대의 인격까지
부정해버립니다. 그리고 인간관계를 망쳐버리는 경우도 있습니
다. '대립은 나쁘다'는 분위기가 형성된 데는 이러한 분위기도 한
몫했을 수 있습니다.

　이미 뿌리 깊게 자리 잡힌 행동 특성을 바꾸기는 쉽지 않습니
다. 다만 관리자의 배려와 환경 정비를 통해 팀원 간에 의견을 의
견으로서 주고받는 풍토는 충분히 조성할 수 있습니다.

**'이상하다' '특이하다' '이 편이 낫다'는 말을 편하게 주고받는다. 그리고 마지
막에는 팀원 간에 굳건한 악수를 나눈다.**

　그런 직장을 만들어가고 싶습니다. 싸우기도 하면서요. 인간이
니까요.

같은 실패를 반복한다

'실패는 성공의 어머니'라는 격언이 있습니다. 최근에는 도쿄 대학 명예교수인 하타무라 요타로가 주축이 되어 '실패학'이라는 학문도 확립되어 있습니다. 그만큼 중요시되고 있음에도 실패의 경험을 좀처럼 살리지 못하고 있습니다! 여기에도 개인의 가치관, 인사 제도, 조직 풍토 등 다양한 문제가 내재되어 있는 듯합니다.

실패를 통해 배우지 못하는 조직의 두 가지 특징

실패를 통해 배우지 못하고, 같은 실패를 반복하는 이러한 안타까운 조직에는 두 가지 특징이 있습니다.

① 멈춰 서지 않는다, 되돌아보지 않는다

금요일 밤 8시가 넘은 시간, 장소는 시내의 육교 아래. 퇴근길로 보이는 지친 발걸음의 남녀 네 명이 다음과 같은 대화를 활발하게 나누고 있습니다.

과장 :   "후유, 이번 문제 때문에 간담이 서늘했어."

S 씨 :   "정말이에요, 심장이 멎는 줄 알았다니까요."

☑ 실패를 통해 배우지 못하는 조직

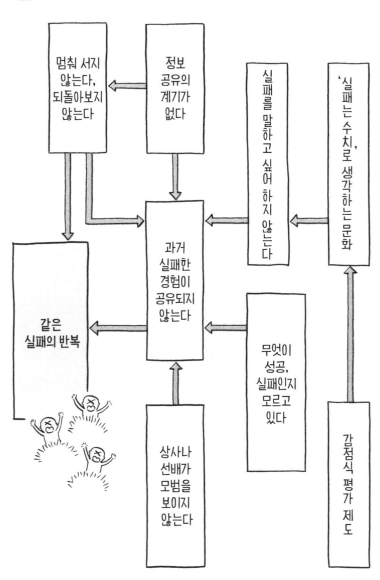

T 씨 : "그러게요. 이렇게 큰 문제는 처음이에요. 하지만 U
씨의 탁월한 제안 덕분에 간신히 해결되었네요."

U 씨 : "아니에요, 우연히 좋은 생각이 떠올랐을 뿐이에요.
모두 밤새가며 노력했기 때문에 해결할 수 있었던
겁니다!"

S 씨 : "우리 팀은 궁지에 몰리면 결속력을 발휘하네요."

과장 : "그러게 말이야, 모두 정말 수고했어. 그럼, 격려하
는 차원에서 한잔하지. 오늘은 내가 낼게."

S·T·U 씨 : "우아, 감사합니다!"

오늘도 어디선가 벌어지고 있을 듯한 장면. 언뜻 미담처럼 생
각되기 십상입니다.

하지만 잠깐! 기분 좋게 한잔하러 가는 것은 좋지만, 그대로 깨
끗이 잊어버려서는 안 됩니다! 문제의 발생 원인, 드러난 경위,
대처 내용, 재발 방지책…… 등은 확실하게 확인해보고 남겨야
합니다.

모처럼 겪은 실패를 지식으로 바꿀 기회인데, 즉석에서 임기응
변으로 넘기고 기억에서 깨끗이 지워버리는 건 정말로 안타까운
일입니다.

② 과거 실패한 경험이 공유되지 않는다

같은 실패를 반복하는 조직은 일상적인 정보 공유에 문제가 있습니다. 앞서 소개한 네 명의 대화를 떠올려보세요. T 씨가 '이렇게 큰 문제는 처음이에요'라고 말했지만, 과연 정말 처음이었을까요?

· 사실은 경험했었는데, 잊어버린 것인지도 모른다
· 지금의 팀원은 경험하지 않았더라도 전임자가 경험했을지 모른다
· 사내의 다른 팀에서는 여러 번 경험한 기존의 문제인지도 모른다

다시 말해 사내의 어디엔가 경험과 지식이 존재한다, 그런데 찾아내지 못한다는, 애석하게도 그런 상황이 아닐까요?

왜 실패는 숨기고 싶어 하는가, 도망치고 싶어 하는가

'실패에 관한 정보는 숨기고 싶어 한다.'

실패학의 권위자, 하타무라 요타로가 《실패를 감추는 사람, 실

195

패를 살리는 사람》에서 한 말입니다. 그처럼 실패는 남의 눈을 피해 숨고 싶어 하는, 도망치고 싶어 하는 습성이 있습니다. 물론 실패 스스로의 의지로 몸을 숨기는 것은 아닙니다. 여기에는 우리 인간의 의지가 개입되어 있습니다.

그렇다면 어떤 의지가 개입되어 있는 걸까요? 원인은 세 가지입니다.

① 실패는 부끄러우니까

첫 번째는 단순 명쾌합니다. 인간에게는 자존심이 있습니다. 실패는 부끄러우니까 가능한 한 사람들에게 알리기 싫고, 없었던 것으로 하고 싶습니다.

② 귀찮아서

부끄러운 실패 경험을 굳이 타인과 공유하다니 이보다 귀찮은 일도 없습니다. 실패를 되돌아본다고 해서 당장 눈앞의 일과 관련이 있는 것도 아닙니다. 이러한 귀찮아하는 마음도 실패의 공유를 방해합니다.

③ 귀찮은 일일 뿐 아니라 평가도 받지 못한다

실패를 되돌아본다, 예를 들어 글로 남기려면 그 나름대로 수

고와 시간이 걸립니다. 게다가 시간과 공을 들여 정리했더니 관리자는 '다음부터는 조심하도록'이라는 무자비한 한마디만 던질 뿐입니다.

귀찮은 일일 뿐 아니라 평가도 받지 못해서야 실패를 공유하려는 의욕도 생기지 않겠죠. 오히려 실패를 숨기려는 의지만 강해질 것입니다.

실패를 조직의 배움으로 바꾸는 세 가지 포인트

실패를 알고 있다는 것은 두 번 다시 같은 실패를 반복하지 않는다는 노하우를 갖고 있는 것과 다름없습니다. 아폴로 계획도 수많은 실패를 통해 배우고 개선한 끝에 성공을 거두었습니다. 실패는 조직의 귀중한 자산입니다. 모처럼의 실패 경험을 술 한 잔으로 깨끗이 잊어버리는 것은 죄를 짓는 것이나 마찬가지입니다.

실패를 조직의 배움으로 만들려면 어떻게 해야 할까요? 다음 세 가지 포인트를 제안합니다.

반드시 되돌아본다

어느 IT 기업에서는 프로젝트를 완료하면 일정 기간이 지난 후에 '완료 보고 회의'를 진행하도록 의무화하고 있습니다. 이 회의에서 '당초 계획과 비교하여 어떠했는가?' '품질, 비용, 문제 처리 등의 결과는 어떠했는가?' 등을 사내에 보고합니다. 또한 해당 프로젝트에서 배운 점과 실패 경험도 자료로 남깁니다. 완료 보고 회의의 자료는 인트라넷에 게재되어 사원이 검색하여 찾을 수 있도록 하고 있습니다. 다시 말해 사내 선임자의 실패 경험을 알 수 있고, 노하우를 활용할 수 있도록 되어 있습니다.

'한차례 일이 마무리되면 되돌아본다.'

이를 습관화하면 좋겠습니다.

단 30분이라도 좋습니다. 되돌아보고, 그를 통해 얻은 노하우와 재발 방지책을 문서로 남겨둡시다. 팀원이 문서를 작성하기 힘겨워한다면, 관리자가 듣고 작성해주십시오. 그렇게까지 하지 않으면 실패는 노하우로 축적되기 어렵습니다. 가장 손쉬운 방법은 '사고 관리 대장'(5장)에 기재하는 것입니다. 일상 업무에서 곤란을 겪을 때, 문제가 생겼을 때는 먼저 사고 관리 대장을 찾는, 과거를 통해 배우는 습관이 행동으로서 조직에 정착합니다.

'목구멍만 지나면 뜨거움을 잊는다'는 격언도 있지만, 절대 잊어서는 안 됩니다!

목구멍을 지날 즈음에 뜨거움을 냉정하게 떠올리고, 확실하게 기록합시다.

실패에 관한 공유를 촉진하는 제도를 만든다

실패가 적극적으로 공유되도록 하려면 평가 제도와 인사 제도도 중요합니다. '실패하면 즉시 처벌하는' 공포 정치에서는 모두 실패를 숨기고 싶어 하고, 실패가 두려워서 도전하지 않게 됩니다.

앞서 언급한 IT 기업에서는 각 부서와 사원의 인사 평가에 '대외 공헌 포인트'라는 항목을 설정하고 있습니다. 일을 통해 얻은 노하우와 실패 사례를 공유(발표 회의 실시, 다른 팀이나 타 부서에 정보 제공, 외부 강연에서의 사례 발표, 미디어 취재 처리 등)한 경우, 가점 평가합니다. 또 사원이 자발적으로(혹은 상사가 부하를 격려하여) 실패 정보를 공유하고 있습니다.

실패를 표창하는 독특한 제도를 도입하고 있는 회사도 있습니다. 다이요 부품은 주택용 부재의 제조와 금속 가공을 전문으로 하는 중소기업으로 '대실패상'이라는 제도가 있습니다. 말 그대로 크게 실패한 사람을 표창하는 제도입니다. 이 회사에서는 실패한 사원을 꾸짖으면 사내의 분위기가 어두워지고, 나아가 아무도 도전하지 않게 되므로, 실패한 사원을 표창하여 상금을 주기로 했습니다. 그 이후 직장의 분위기가 밝아지고, '같은 실패를 두 번 다시 반복하지 않는다' '다음에는 성공한다'는 도전 의식도 높아졌다고 합니다.

실패를 이야기하자

자신의 생생한 체험에 바탕을 둔 실패담은 성공 체험 이상의 공감을 불러일으켜 상대가 신뢰를 갖게 됩니다. 두 가지 일화를 소개하겠습니다.

IT 벤더의 한 제안

제가 자동차회사의 구매 부서에서 IT 벤더의 발주처를 선정하는 업무를 담당했을 때의 일입니다. 기밀 정보 유출을 방지하는 IT 시스템의 구축 프로젝트에 대해 벤더 각 사의 제안을 비교 검토했습니다. 프레젠테이션을 듣는 나날이 이어졌죠.

"당사는 모든 최신 보안을 연구해서……."
"자동차 업계, 제약 업계, 금융 기관의 보안 대책 경험이 있는 프로젝트 매니저를 이 프로젝트에 투입하여……."

모두 성공담을 어필합니다. 다만, 너무 깔끔해서 어디까지 신뢰해야 할지 확신할 수 없습니다.

그런 가운데 한 회사의 프레젠테이션이 빛을 발했습니다.

"뉴스에서 보신 것처럼 당사는 대규모 정보가 유출되는 사고를 일으켰습니다. 그 경험과 반성을 살려 탄생한 솔루션을 오늘 소개 하겠습니다."

놀랍도록 과감한 제안을 합니다. 그러나 모든 이야기에 설득력 이 실리고 사내 팀원들은 모두 앞다투어 질문을 던졌습니다. 결 국 그 벤더를 선택했습니다.

성공담은 의심을 불러일으킵니다. 하지만 실패담은 공감과 신 뢰를 낳습니다.

실패 경험을 말해준 상사

제가 입사 3년차였을 때의 상사는 엄격하고, 깐깐하며, 회사 내에서도 무섭기로 소문난 과장이었습니다. 이전에는 인도네시 아에 2년간 부임했었다나 뭐라나. 아무튼 그는 저의 보고 방식, 설명 문서의 구성, 보고서의 '문법'까지 세세하게 확인해서 하나 하나 설교를 늘어놓곤 했습니다.

'예전 상사는 아무 말도 하지 않았는데, 왜 이렇게까지 일일이 주의를 받아야 하지? 대체 무슨 의미가 있는 거야? 그저 날 괴롭히고 싶은 것뿐이잖아?'

불신감이 점차 커졌죠. 그런 제 기분을 헤아렸는지 어느 날 밤 상사는 내게 술 한잔하자고 했습니다. 작은 선술집 카운터에 남자 둘이 어깨를 나란히 하고 앉아 술기운이 적당히 돌 무렵, 상사는 입을 열었습니다.

"내가 왜 인도네시아에서 돌아왔는지, 오늘은 자네에게 그 이야기를 해주고 싶어서 말이야. 사실은 나는 인도네시아에서 큰 실수를 저질렀다네. 임기 중반에 본사로 소환당했지……."

그리고 부임 시절의 고생담과 실패담이 이어졌죠. 당시 그의 갈등이나 심경을 젊은 나조차 느낄 수 있을 만큼 심도 깊은 이야기였습니다. 그는 마지막에 다음과 같은 한마디를 남겼습니다.

"자네는 나 같은 괴로움은 겪지 않았으면 좋겠어. 같은 실패를 반복하는 건 좋지 않아. 엄격하고 까다롭게 군 것은 미안하게 생각하지만, 그런 이유에서 일일이 주의를 주는 거라네."

저는 지금도 당시 상사의 절실한 눈빛을 잊지 못합니다.

본래는 숨기고 싶었을 대실패의 경험. 떠올리고 싶지 않았을 부끄러운 과거. 그것을 스스로 내보인 상사에 대해 감사와 자부심이 싹텄습니다.

이후 저는 그가 하는 말의 무게를 진지하게 받아들이게 되었습니다. 진심으로 신뢰할 수 있게 된 것입니다.

실패는 부끄럽다, 그렇기에 공유하는 행동은 고귀하다

'사람에게는 실패할 권리가 있다. 하지만 거기에는 반성이라는 의무가 붙는다.'

혼다의 창업자이자 일본 제조업의 선구자인 혼다 소이치로의 명언입니다.

실패가 없는 일은 존재하지 않습니다. 우리는 회사 돈으로 실패라는 귀중한 경험을 하고 있습니다. 같은 실패를 반복한다는 것은 죄를 짓는 것과 같습니다.

☑ 혼다 소이치로의 제조 기념관

혼다의 창업자, 혼다 소이치로 회장의 제조 DNA가 남겨져 있다.

- 팀원 간, 과장이나 부장, 파견 사원 너나 할 것 없이 실패를 이야기한다
- 나쁜 정보, 말하기 어려운 일이야말로 앞장서서 전달한다

그 벽을 넘었을 때, 진정한 신뢰, 진정한 유대감, 진정한 자부심이 조직에 싹틀 것입니다.

실패도 하지, 인간이니까.

실패는 부끄러워, 인간이니까.

실패는 숨기고 싶어, 인간이니까.

실패를 다른 사람에게 이야기하려면 용기가 필요합니다. 그렇기 때문에 실패를 공유하는 일은 고귀한 행위이며, 앞장서서 이야기해주는 사람은 신뢰할 수 있습니다.

실패를 자랑으로 바꾸고, 미래를 위한 지식으로 바꾸는 것, 이는 우리의 용기 있는 한 걸음에서부터 시작됩니다.

'왜냐하면 인간이니까!' 와 마주한다

"일반인들을 위한 프로젝트 매니지먼트 책을 쓰고 싶다."

이 책은 편집자와 이런 얘기들을 나누다가 탄생했습니다.

프로젝트 매니지먼트의 노하우는 날마다 우리가 담당하고 있는 일을 계획대로, 문제없이 진행하여 목표에 도달하기 위해 중요한 것입니다. 제가 과거 근무했던 닛산자동차에서는 사원을 대상으로 '프로젝트 매니지먼트 연수'를 실시하고 있는데, 영업, 구매, 생산, 개발 등 모든 부서의 사원이 수강하여 현장에서 성과를 올리고 있습니다.

그런데 이제껏 프로젝트 매니지먼트는, 즉 IT 업계(혹은 종합 건설업자나 건축업계)의 것으로 간주하고 있습니다. 프로젝트 매니지먼트라고 하면 '우리와는 상관없다'며 고개를 돌려버리는 사람이 많은 듯합니다.

너무나 안타까운 일입니다!

IT 외의 사람들도 프로젝트 매니지먼트의 요소를 꼭 알았으면 좋겠다, 실천했으면 좋겠다, 그런 생각을 하며 편집자와 머리를 맞대던 날들. 그리고 어느 날 문득 깨달았습니다.

"프로젝트 매니지민트는 단순하게 말하면 일의 진행 방식에 관한 이야기잖아?"

그런가. 그렇구나.
프로젝트 매니지먼트라고 하니까 나와는 상관없다고 생각하고 경원시한다. 일의 진행 방식으로 생각하면 분명 시선도 달라질 것이다.
이렇게 해서《업무의 문제 지도》가 탄생했습니다. 프로젝트 매니지먼트라는 말은 일절 사용하지 않고, IT 외의 현장에서도 활용할 수 있도록 초점을 맞췄습니다.
한편, 저 자신도 이른바 프로젝트 매니지먼트의 수법에는 받아들이기 어려운 부분이 있었습니다. 너무 깔끔하게 정리되어 있다고 할까요. 그래서 더욱 '이상론' '정론'으로 기울기 쉽습니다. 그렇게 깨끗하게 정리되기에는 세상이 단순하지 않습니다. 늘 사람냄새가 나는 부분과 마주하기 위한 기술이라든가 요령, 관점 같은 걸 갖고 싶다고 생각했습니다.

'왜냐하면 인간이니까.'

어떤 일도 인간다운 부분과 마주하지 않으면 일이 잘 풀리지 않습니다. 우연히 한 번 성공할지는 몰라도 오래 지속되지는 않습니다.

계속 성공하는 조직을 만들려면 팀의 재정비와 커뮤니케이션이 중요하죠. 그리고 기존의 프로젝트 매니지먼트 수법은 바로 그 점이 약합니다. 그래서 이 책에서는 그 점을 보완하려고 했습니다. 우리가 일하는 환경은 날마다 시시각각 변화하고 있습니다.

- **성별이 다르다**
- **태어난 나라가 다르다**
- **문화가 다르다**
- **고용 형태가 다르다**
- **특기가 다르다**
- **능력이 다르다**
- **일에 대한 가치관이 다르다**

그렇게 다양한 팀원과 함께 일할 기회가 많아졌습니다. 이른바 '다양성'이라는 것이죠. 4장에서는 오늘날의 경영자가 선호하는 '용어'라고 야유했습니다만, 단순한 말장난으로 치부하기 어려워졌음을 실감하고 있습니다.

단순히 다양한 사람들을 모아 '당신의 역량에 맡긴다' '열정과 근성으로 하라'는 말로는 공중 분해되기 십상입니다. 이제는 같은 나라 사람으로만 구성된 팀에서조차 원활하게 진행되지 않는 업무 방식입니다. 하물며 더욱 다양한 사람들이 모였을 때는 그야말로 엉망진창이 될 것이 뻔합니다.

앞으로 업무 방식을 '무리 없이' '낭비 없이' 성과를 낼 수 있도록 바꿔나가야 하고, 이를 위해 다양한 모든 사람과 진지하게 마주해야 합니다. 인재가 다양화할수록 중요한 주제입니다.

매니지먼트란 강압적으로 사사건건 지도와 관리를 하는 것도 아니고, 관리자가 무대에 올라 뭐든지 끌고 나가는 것도 아닙니다. 다양한 인재가 주체적으로 힘을 발휘해나가기 위한 환경을 만드는 것, 개개인의 인간다움을 존중하고, 인간다움을 조직의 힘으로 바꿔가는 구조를 만드는 것입니다.

그리고 이 책의 담당 편집자는 진행 시라 불러도 좋을 글들을 날마다 SNS에 올리고 있습니다.

당신은 이미 잊었으려나

알게 된 지 반년 후 마감을 앞두고

둘이 이야기한 서점의 찻집

매일 쓰자고 했었는데

언제나 나를 기다리게 하네

최초의 마감은 역시나 넘어가고

느린 진행 째깍째깍 울리는 초침

당신은 내 재촉을 무시하고

인터넷만 보았었지

기획을 냈을 때는 아무것도 두렵지 않았지

그저 당신이 쓰지 않아 두려웠네

이런 멋진 시를 날마다 보내더군요. 이것이 우리 저자에게는 자연스럽게 '어이쿠, 큰일났네!'라는 경각심을 일깨웁니다. 끈질기게, 그러나 불쾌하지는 않게 '진행, 진행'을 계속 외칩니다. 이것도 소중한 매니지먼트이고, 그러한 분위기를 만들어가는 것도 관리자의 역할이라 할 수 있겠죠.

인간다움을 마주하지 않는 매니지먼트는 강요당한다는 느낌밖에 주지 못합니다.

인간다움을 마주하는 매니지먼트는 주체성을 키웁니다.

왜냐고요?

'우리는 인간이니까요!'

사와타리 아마네

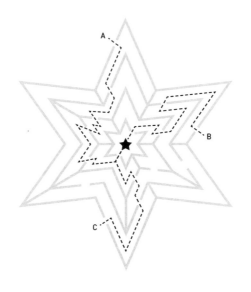

고치는 순간 일이 풀리는
업무의 문제 지도